Souvenir à mon ami E. Renan —

Alfred Maury

Extrait des Annales médico-psychologiques.

LES MYSTIQUES EXTATIQUES

ET

LES STIGMATISÉS,

Par M. ALFRED MAURY.

—

Les historiens de la philosophie ont plus étudié le mysticisme que les mystiques; ils ont analysé leur doctrine et essayé de définir leurs principes; mais ils n'ont guère pénétré dans leurs sentiments; ils ont surtout négligé de déterminer la relation existante entre leurs écrits et les phénomènes intellectuels, les troubles et les aberrations dont leur esprit est le siége. C'est là cependant une recherche curieuse et pleine d'enseignement qui nous donne la véritable clef des doctrines mystiques. On ne saurait séparer l'homme de la pensée, et pour juger ce qu'il dit, il faut savoir ce qu'il fait et ce qu'il sent.

Le mystique cherche la divinité par un commerce secret avec l'invisible. Il appelle une révélation immédiate au sein de sa conscience; et pour cela il dirige et concentre toutes ses facultés vers ce Dieu qu'il voudrait substituer dans son âme à lui-même. Il s'efforce d'en évoquer l'image et de se rendre intellectuellement sensibles ses perfections et ses beautés. Quand il croit être parvenu à ce qu'il désire et que son imagination place devant les yeux de son esprit la figure du Dieu qu'il poursuit, il brise avec le monde extérieur et s'abîme dans la contemplation de l'être divin. Mais hélas! il devient alors le jouet d'une illusion. Quoi qu'il fasse, l'homme ne peut offrir à la vue de l'esprit

1

comme à celle du corps, que la reproduction des objets et des créatures dont il est entouré, qui affectent ses sens à des degrés divers. Il a beau aspirer vers l'invisible, vers l'immatériel, vers l'infini, il ne se représente jamais que le visible, le matériel et le fini. Toutes ces descriptions que le mystique nous donne des êtres célestes qui viennent se communiquer à lui, ces sons divins dont son oreille intellectuelle est charmée, ces parfums qu'exhalent les anges et les saints avec lesquels il s'entretient, ces transports de toute nature qui ravissent son âme, ne sont que le reflet des désordres et des agitations auxquels son économie est en proie. Suivez patiemment la marche des idées et des imaginations du mystique, notez-en les traits les plus singuliers; puis étudiez sa vie morale et physiologique, et vous serez frappé de l'étroite liaison qui rattache ces deux modes d'existence, sa vie mentale et sa vie physique.

Sans doute, on aperçoit toujours une relation plus ou moins directe entre la constitution de l'homme et la tournure de ses idées ; mais le travail de l'intelligence est si complexe, si prompt, si varié, qu'il échappe, en une foule de cas, aux influences physiologiques; et dans le jeu incessant de son activité, l'esprit prouve sa propre immatérialité. Chez l'extatique, il en est autrement : c'est le corps qui a définitivement pris la direction des idées Sous ces prétentions de franchir l'espace qui nous sépare du monde invisible et immatériel se découvre bien vite le plus grossier et le plus naïf matérialisme. Le mystique extatique est un halluciné. Ce qu'il dit, ce qu'il écrit lui est presque toujours dicté par une illusion des sens ou prend son point de départ dans un pareil phénomène. Non pas qu'il soit proprement aliéné, qu'il puisse même être toujours rangé dans la catégorie des monomanes, mais sans que sa raison, son jugement soit radicalement troublé, il est la dupe des aberrations qui naissent de son état maladif, il bâtit des théories et imagine des doctrines religieuses, sans prendre garde aux causes pathologiques qui les lui ont suggérées.

Il est important de signaler ces faits, puisqu'il y a des âmes pieuses et des esprits enthousiastes qui continuent à chercher dans les écrits des mystiques un aliment à leur dévotion et comme un supplément aux révélations de l'évangile ; puisque des personnes peu éclairées prennent encore pour des caractères merveilleux et des preuves d'une intervention divine toute spéciale, ces récits d'hallucinations et la relation des phénomènes qui en sont le contre-coup ; confondant ainsi les chimères d'un cerveau en délire avec les graves enseignements de la religion, elles nuisent, sans s'en apercevoir, à la dignité de celle-ci et tendent à nous précipiter dans le chaos des superstitions et des fantaisies humaines.

Je veux essayer de démontrer en détail les faits que je viens d'avancer, et par une étude attentive des extatiques et de leurs ouvrages, mettre en évidence l'état maladif dans lequel ils étaient tombés, la liaison de leurs idées bizarres et extravagantes avec le mal qui s'empare de leur économie. Je m'attacherai surtout aux stigmatisés, à la stigmatisation qui est certainement le plus haut degré de l'extase chrétienne. Chercher à en pénétrer le mystère, c'est remonter à la source la plus vive du mysticisme.

§ Ier.

De toutes les figures religieuses que nous rencontrons pendant le moyen âge, il n'en est guère qui présente un cachet plus prononcé que celle de saint François d'Assise. Ce remarquable personnage est le type accompli du moine chrétien, et, par conséquent, du mysticisme qui est l'âme et l'aliment de la vie monacale. Ce n'est point seulement un simple fondateur d'ordre qui s'élève par ses vertus au premier rang, c'est un réformateur, un véritable théosophe. Dans l'antiquité, il fût devenu un Dieu ; dans l'Orient, il eût été regardé comme un prophète. L'Europe catholique ne pouvait le placer si haut sans porter atteinte à son orthodoxie, mais elle en a fait un saint, un saint qui occupe le faîte de la hiérarchie des bienheureux. Sa canonisation a été entourée de tout l'éclat d'une apothéose; ses disciples ont poussé l'admiration jusqu'à le tenir pour l'être le plus parfait qui eût, après la Vierge, paru entre les créatures. Renchérissant incessamment sur leur culte d'amour et d'admiration, ils sont arrivés au point de le comparer à Jésus-Christ, et s'il eût été possible de reconnaître une Trinité en quatre personnes, les ordres mendiants y eussent certainement introduit leur fondateur, comme une hypostase divine. On connaît l'ouvrage singulier du P. Barthélemy, de Pise, intitulé : *Liber aureus inscriptus, liber conformitatum vitæ beati ac seraphici patris Francisci ad vitam Jesu Christi Domini nostri.*

On y lit que la venue au monde du saint docteur fut annoncée par les prophètes, qu'il eut douze disciples, que l'un d'eux, nommé Jean de Capella, fut rejeté par lui, comme Judas l'avait été par Jésus; qu'il fut tenté par le démon dont les efforts demeurèrent impuissants; qu'il se transfigura à l'instar de son divin maître, et qu'il opéra des miracles absolument semblables à ceux de l'Évangile. On trouve encore dans ce bizarre traité, avancée la proposition suivante : Que saint François avait mérité le nom de *Jesus Nazarenus rex Judæorum*, à raison de la conformité de sa vie avec celle de Jésus de Nazareth.

L'origine de ces étranges opinions, qui obtenaient un grand succès chez les ordres mendiants, ne tenait pas seulement au soin qu'avait pris le saint de régler sa vie sur celle de son Sauveur; elle provenait encore d'un fait extraordinaire qui se passa dans les dernières années de son existence, en 1224, et la marqua en quelque sorte du sceau d'une élection spéciale de la grâce. Saint François avait éprouvé les douleurs du crucifiement et reproduit sur son propre corps le sacrifice sanglant de la Passion.

Il était arrivé à la fin de sa carrière après avoir vu réussir tous ses projets; il avait obtenu du pape Honorius III la confirmation de l'ordre fondé par lui pour les deux sexes; il avait inauguré une règle nouvelle, qui était regardée comme la conception la plus parfaite qu'on eût jamais eue de la vie monastique. Satisfait d'une tâche si glorieuse, il s'était démis du généralat entre les mains de Pierre de Catane, pour ne plus songer qu'à son salut. Il se retira, en conséquence, dans une solitude de l'Apennin, entre l'Arno et le Tibre, non loin de Camaldoli et de Vallombrosa, et fixa sa retraite sur une montagne appelée l'Alverne, que lui avait abandonnée le propriétaire, un seigneur du pays, nommé Orlando Cataneo. Là, dégagé de tous les devoirs et de toutes les préoccupations de la vie pratique, il se livrait sans mesure aux rigueurs de l'ascétisme le plus sévère et méditait incessamment en Dieu. Des extases s'emparaient de temps à autre de son esprit et le rendaient de plus en plus indifférent aux objets de la terre. Les macérations, les abstinences se succédaient chez lui sans relâche. Parmi les carêmes surérogatoires qu'il s'était imposés, se trouvaient les quarante jours qui séparent la fête de l'Assomption de celle de saint Michel. Exténué par le jeûne et s'abîmant une fois dans les élans de la prière la plus ardente, il crut entendre Dieu qui lui ordonnait d'ouvrir l'Évangile, afin que ses yeux pussent y lire ce qui serait le plus agréable à son créateur. Frappé de cet avertissement divin, saint François remercia Dieu dans une nouvelle prière, qui dépassait encore en ferveur celles auxquelles il se livrait depuis le commencement de ce carême. — « Ouvre-moi le livre sacré, dit-il au frère Léon, qui l'avait suivi dans sa retraite. » Trois fois cette épreuve fut faite, et trois fois le volume s'ouvrit à la Passion de Jésus Christ. Le saint crut reconnaître là un ordre de pousser son imitation de la vie du Sauveur plus loin qu'il ne l'avait encore fait. Sans doute, il avait imposé silence à la chair par la mortification et crucifié son esprit et ses désirs, mais il n'avait point encore soumis son corps au supplice de la Passion, et c'était ce supplice que Dieu lui prescrivait en lui montrant du doigt le récit de l'Évangile.

Après cette épreuve, le solitaire n'eut plus qu'une pensée : le

crucifiement de son divin maître. Il en passa et repassa en esprit les douloureuses phases, exaltant davantage à chaque oraison
son imagination. En même temps qu'il exténuait son corps par
un jeûne prolongé, il travailla à évoquer en lui le tableau émou-
vant du Sauveur sur la croix. Dans ses visions, il était tellement
absorbé par la contemplation du Dieu souffrant, qu'il perdait
conscience de lui-même et se trouvait transporté dans un monde
surhumain. Le jour de l'Exaltation de la croix, se livrant plus
encore que de coutume, en raison de la solennité, à une de ces
contemplations extatiques, il crut voir un séraphin ayant six
ailes ardentes et lumineuses descendre rapidement de la voûte
des cieux et s'approcher de lui : l'esprit angélique soutenait entre
ses ailes la figure d'un homme , les pieds et les mains attachés à
une croix. Lorsque le saint assistait à ce spectacle miraculeux
avec une émotion et un étonnement profonds, la vision s'éva-
nouit tout à coup. Mais le pieux anachorète en avait ressenti un
contre-coup étrange, et toute son économie était demeurée pro-
fondément troublée. Il éprouva surtout aux pieds et aux mains
des sensations douloureuses qui firent bientôt place à des ulcérations, à des espèces de plaies qu'il considéra comme les stigmates de la passion du Christ.

Ce miracle eut un immense retentissement. Rien n'était plus
fait pour frapper des imaginations avides de merveilleux et for-
tifier la vénération profonde que ce saint personnage excitait
par ses travaux et ses vertus. Le pape proclama les stigmates de
saint François un don miraculeux de la Grâce, et les chrétiens
tinrent ce prodige pour une démonstration péremptoire du mystère de la Rédemption, à raison surtout de cette circonstance,
que les stigmates avaient été imprimés au saint le jour de l'Exaltation de la croix.

L'allégresse que causa le miracle fut surtout grande chez les
Franciscains. C'était le triomphe de leur ordre. Ce prodige don-
nait une preuve éclatante de l'amour infini de Jésus-Christ pour
leur fondateur, puisqu'il l'avait choisi pour offrir sur la terre

une image visible de sa divinité. Il y eut donc désormais pour les religieux mendiants deux passions : celle de Jésus-Christ et celle de saint François. On vit un gardien des Cordeliers de Reims, le P. Lanfranc, faire inscrire au fronton de son couvent: *Deo homini et beato Francisco, utrique crucifixo*, à l'Homme-Dieu et à saint François, tous deux crucifiés. Les Franciscains affectèrent tellement de confondre les deux crucifiements, que plusieurs d'entre eux avancèrent que les plaies de leur fondateur étaient tellement semblables à celles du Christ, que la Vierge elle-même s'y était méprise. De même qu'on voit dans l'antiquité des dieux secondai es placés, par une dévotion de mode, au-dessus du Dieu principal, saint François devint pour bon nombre de ceux qui suivaient sa règle, égal et même supérieur à Jésus-Christ. En 1486, un certain Cordelier, nommé Jean Marchand, dépassant encore ce qu'on avait dit des miracles du saint et des circonstances qui avaient accompagné sa stigmatisation, soutint à Besançon les propositions suivantes : Saint Fran-çois avait pris la place laissée vacante par Lucifer depuis sa chute; car le chef des légions rebelles ayant été précipité du ciel, en châtiment de son orgueil, la créature qui avait poussé le plus loin l'humilité devait naturellement hériter de sa royauté; saint François était semblable à Jésus-Christ de quarante ma-nières; c'était un second Christ et un second Fils de Dieu; sa conception avait été prédite par un ange à sa mère, et, de même que le Sauveur, il avait vu le jour dans une étable entre un bœuf et un âne. Les douleurs que la stigmatisation avait fait éprouver au saint égalaient celles que Jésus avait ressenties sur la croix. Étendant singulièrement le court instant où le solitaire avait été en communion de souffrance avec son divin maître, Jean Marchand avança que le supplice du fondateur de son ordre avait duré tout un jour et qu'il s'était terminé à l'heure même où l'Homme-Dieu avait rendu l'esprit. Jésus s'était chargé d'im-primer en personne à son serviteur les cinq plaies, et cette se-conde Passion, ajoutait le cordelier, avait été accompagnée des mêmes prodiges que la première. La pierre s'était fendue au moment où le saint avait reçu la blessure de son côté, et, second Jésus-Christ, il avait fait sa descente aux enfers, ou, pour parler plus exactement, au purgatoire, afin d'aller délivrer ceux qui s'y trouvaient avec les habits de son ordre, visite qu'il renouvelle tous les ans, à l'anniversaire de sa fête.

La Faculté de théologie de Paris censura ces énormités; mais saint François n'en demeura pas moins chez les frères mendiants une véritable divinité, et le miracle de sa stigmatisation l'ineffable témoignage de la protection que Dieu accordait à leur ordre.

Cette faveur insigne tourna la tête à une foule de Franciscains, qui pensèrent que puisque Jésus-Christ avait pu reproduire chez le docteur d'Assise le fait de sa passion, ils pouvaient, eux, obtenir de leur fondateur une part de la grâce des douleurs méritoires qui lui avaient été communiquées. Des images, représentant la stigmatisation miraculeuse sur le mont Alverne circulèrent dans tous les couvents, et l'on commença à parler d'autres exemples d'un prodige absolument inconnu avant saint François. Arrivèrent les théologiens [1], qui écrivirent des traités sur la matière, et prétendirent que le don des stigmates était, après tout, un de ces nombreux bienfaits de la grâce divine, qui se manifeste de temps à autre chez les fidèles. Saint Paul avait dit, dans son *Épître aux Galates* (VI, 17) *qu'il portait sur son corps les stigmates du Seigneur.* On imagina que le grand apôtre avait, de même que saint François, reçu l'empreinte des cinq plaies. Il y avait dans la *Bible* plusieurs allusions à l'usage répandu dans l'Orient, de porter sur le bras droit un signe indicatif de la divinité au service de laquelle on s'était voué, et c'est à cette habitude que se rapportent vraisemblable-

---

[1] Le plus célèbre des traités théologiques sur les stigmates est celui du jésuite Théophile Reynaud intitulé : *De stigmatismo sacro et profano, divino, humano, dæmoniaco Tractatio.*

ment les paroles mêmes de saint Paul. On prétendit expliquer tout cela par des stigmatisations, et l'on recomposa de la sorte une généalogie de stigmatisés.

Le fait est que cette grande famille n'est pas, à beaucoup près, d'aussi ancienne date qu'on le prétendait, et qu'il est impossible de lui trouver d'autre ancêtre que saint François.

Hommes et femmes, livrés à la vie mystique, briguèrent, au sein des ordres mineurs, la faveur accordée à leur fondateur. Quelques vies d'extase et de contemplation obtinrent le couronnement de leurs désirs, et les annales de ces ordres ont conservé les noms de plusieurs âmes pieuses, qui partagèrent dans leurs ravissements célestes les souffrances de la Passion. Tels furent *Philippe d'Acqueria, Benoît de Reggio, capucin de Bologne*, qui vivait dans les premières années du XVIIe siècle, *Charles de Saeta* ou plutôt *de Sazia*, simple frère lai, qui fut marqué des stigmates en 1648; un autre frère lai, du nom de *Dodo*, de l'ordre des Prémontrés, *Angèle del Paz*, moine de Perpignan et le frère *Nicolas de Ravenne*, dont les plaies ne furent découvertes qu'après sa mort.

Les stigmates du saint séraphique excitèrent vivement la jalousie des Dominicains. Ils arrivaient précisément au moment où la rivalité était la plus prononcée entre les mendiants et les frères prêcheurs. Ces derniers voyaient surtout d'un œil d'envie la hauteur à laquelle un pareil miracle élevait le patron de leurs ennemis. L'organisation des moines de Saint-Dominique présentait une certaine analogie avec celle des Franciscains, et ceux-ci accusaient le fondateur de l'ordre des moines prêcheurs d'avoir puisé dans la règle de saint François l'idée et le modèle de son tiers ordre, tandis que les Dominicains s'efforçaient de jeter le plagiat sur le dos de saint François. L'insigne grâce des stigmates ruinait les prétentions des Jacobins, et, afin de parer à la force miraculeuse de l'objection, ils prétendirent avoir aussi leur stigmatisé. On voulut opposer miracle à miracle, et pour rendre *l'opposition plus sensible*, les Dominicains choisirent une

femme, une religieuse de ce tiers ordre de Saint-Dominique, si
jaloux du tiers ordre de Saint-François. C'était sainte Catherine,
dont les visions avaient servi déjà de contre-partie aux révélations de sainte Brigitte. On sait, en effet, que tandis que Dieu
révélait à cette sainte, au grand triomphe des scotistes, le fait de
l'immaculée conception de Marie, sainte Catherine apprenait du
ciel que la Vierge avait été conçue dans le péché : ce que criaient
bien haut les thomistes. Des images représentant la nouvelle
stigmatisée circulèrent bientôt chez les Dominicains. On y voyait
la sainte recevant de Jésus-Christ lui-même la marque de ses
divines plaies par le moyen de rayons ensanglantés qui s'en
échappaient, et afin de renchérir sur saint François, qui s'était
trouvé suffisamment martyrisé par l'impression des saints stigmates, aux pieds, aux bras et au côté, on traça sur le front de
la pieuse vierge les traces de la couronne d'épines.

Rien ne manquait donc plus à la passion de sainte Catherine,
rien, si ce n'est la réalité. Tout n'était pas cependant controuvé
dans ce miracle, à l'aide duquel les Dominicains fermaient la
bouche à leurs adversaires. La sainte, livrée aux exercices con-
tinus de la contemplation, de l'ascétisme le plus dur, sujette aux
visions et aux extases, avait, sans doute sous l'empire du désir
jaloux de son ordre, aspiré à ces stigmates qu'avait reçus saint
François, et, dans un de ses délires mystiques, elle s'était imaginé les recevoir. Elle avait ressenti les douleurs des cinq plaies
et cru un instant en distinguer les marques. Mais ces glorieuses
cicatrices avaient disparu, et rien n'avait accusé, aux yeux des
autres, l'insigne faveur qu'elle avait méritée. Aussi, en 1483,
vit-on les Franciscains réclamer avec force contre la fraude de
leurs rivaux et les images menteuses qu'ils distribuaient. Le sou-
verain pontife accueillit la plainte et condamna la contrefaçon.
Toutefois, il eut soin, plus tard, d'adoucir la rigueur de sa bulle
à l'égard des Dominicains, assez mortifiés.

Malgré ces discussions, les stigmates de saint François et ceux
moins authentiques de sainte Catherine de Sienne, produisirent

les mêmes résultats. Ils devinrent le but que se proposèrent religieux et religieuses de ces deux ordres, et c'est, en effet, presque constamment dans leurs rangs que nous rencontrons, aux XVIe, XVIIe et XVIIIe siècles, les stigmatisés.

La plupart des personnes, hommes ou femmes, qui embrassaient la règle de saint François ou de saint Dominique, se proposaient pour modèles les patrons de leur ordre ; les images de saint François et de sainte Catherine étaient sans cesse placées sous leurs yeux. Les regards fixés sur ces représentations pieuses, méditant la Passion du Sauveur et appelant de tous les élans de la prière la plus fervente le don des stigmates, ces mystiques furent quelquefois assez heureux pour déterminer le même miracle. Cette imitation du crucifiement allégorique du docteur d'Assise et de la sainte de Sienne est tellement évidente, que chez la plupart on voit se reproduire les circonstances que la légende prêtait à la vision de ces deux personnages. La stigmatisation s'opérait chez eux absolument de la même façon qu'elle était représentée dans les images. Magdelaine de Pazzi, Hieronyma Caruaglio reçurent sur leur corps les empreintes de cinq rayons de sang mêlé de feu qui s'échappaient du ciel. Ursule Aguir, qui s'imaginait déjà porter sur la tête une couronne d'épines invisible, étant à prier, en 1592, dans une église, le jour de la fête de saint Benoît, vit sainte Catherine lui apparaître, un crucifix à la main ; les clous qui perçaient les membres de l'image du Sauveur se détachèrent et allèrent se fixer à ses mains et à ses pieds. Ursule tomba sans connaissance ; puis revenant à elle, elle pria le Seigneur, comme on dit que l'avait fait sainte Catherine, de ne point rendre ses stigmates visibles, ce qui lui fut accordé. Ce fut à la prière de la même sainte Catherine que sainte Lucie de Narni, qui vivait à la fin du XVe siècle, obtint les stigmates. On raconte, dans la biographie de la religieuse Augustine Anne-Catherine Emmerich, morte en 1824, qu'elle vit un jour une lumière s'abaissant vers elle et qu'elle y distingua la forme resplendissante du Sauveur crucifié. Les blessures dont ses membres étaient atteints rayonnaient comme cinq foyers lumineux ; et de chacune de ses cinq plaies partirent de triples rayons d'un rouge de sang, lesquels se terminaient en forme de flèche et vinrent lui imprimer les stigmates. C'est en méditant devant un crucifix que sainte Gertrude d'Oosten ressentit les douleurs des cinq plaies, qui ne tardèrent pas à devenir visibles. On retrouve les mêmes rayons de feu s'échappant, soit du cru- cifix, soit des profondeurs célestes, dans la stigmatisation d'Anne de Vargas, retirée au couvent de Sainte-Catherine, à Valladolid, en Espagne ; dans celle de Colombe Rocasani, de Jeanne de Verceil, de Stephana Quinzani, de Soncino ; de Marie de Lis- bonne, etc...

L'influence de l'exemple est donc manifeste. La méditation de la stigmatisation de sainte Catherine a réagi sur l'imagination des femmes, qui l'avaient pour patronne ou qui se la proposaient pour modèle. Plus rarement, le martyre allégorique de saint François eut le même effet sur les esprits féminins. Nous en avons cependant quelques exemples. C'est en jetant les yeux dans une chapelle de saint François, sur l'image de sa stigma- tisation, qu'Angela della Pace crut entendre le saint lui parler et répondre à la demande qu'elle lui faisait. — Ce ne sont pas des plaies que tu vois, mon enfant, dit-il à Angela, qui n'avait alors que neuf ans, ce sont des joyaux. Et comme la petite ex- primait le vœu d'en recevoir de semblables, elle vit soudain s'ouvrir la voûte de la chapelle et en descendre le Sauveur sous la figure d'un enfant crucifié, tout environné de lumière et lui imprimer les miraculeuses plaies. Angela tomba sans connais- sance en poussant un cri de douleur. On accourut à son secours ; on amena des médecins, qui trouvèrent sur ses membres im- primés les mêmes stigmates que représentait l'image devant la- quelle elle était prosternée. Nous rencontrons rarement des Dominicains impressionnés par le miracle opéré sur la grande sainte de leur ordre. De ce nombre est un religieux de Man- toue, du nom de Matheo Carreri ; un autre Dominicain, Walter, de Strasbourg, nous fournit dans sa vie un fait du même genre. Il songeait, une fois, dans une des contemplations mystiques qui lui étaient habituelles, aux douleurs que la Vierge Marie avait dû éprouver au pied de la croix en y voyant suspendu son divin Fils Soudain il se sentit le cœur percé par une épée, c'est-à-dire qu'il se représenta précisément l'image par laquelle les iconographes catholiques sont depuis longtemps dans l'usage de figurer la *Mater dolorosa*.

Dans tous ces miracles, l'influence exercée par les images du Christ souffrant, les martyres de la mère de Dieu ou des saints est bien notoire. La vue de ces représentations émouvantes réagissait puissamment sur la sensibilité des mystiques. Nous voyons bien souvent, dans une de ces représentations pieuses, racontée par les hagiographes, que la vue seule opéra la conversion à la vie dévote ou monastique. C'est, par exemple, la vue inopinée d'un tableau du Sauveur couvert de plaies, qui acheva de déterminer sainte Thérèse à prendre le voile. Elle fut dès lors poursuivie par l'image du Sauveur ; elle l'accompagna tour à tour, en pensée, au jardin des Olives, à la colonne contre laquelle il avait été flagellé et au Calvaire.

L'annonce des stigmatisations nouvelles dont les cloîtres devenaient chaque jour le théâtre, multiplia, à partir du XVe siècle, les apparitions de cet étrange phénomène. Chaque fois les visionnaires ajoutaient des circonstances qui rendaient leur martyre plus semblable à celui de Jésus. Déjà sainte Catherine de Sienne avait reçu, disait-on, la couronne d'épines. Sainte Catherine de Raconisio sentit sur le front l'empreinte d'une double couronne, qui se retrouve aussi chez Jeanne de Jesu-Maria de Burgos. Les horreurs de ce supplice, infligé également à Jeanne-Marie de la Croix, religieuse clarisse de Roveredo, à Marie Villana, à Vincentia Ferreria, de Valence, se joignirent chez Véronique Juliani à la réception de ce calice d'amertume qui avait été présenté au Sauveur par un ange dans le jardin des Olives ; elle en avait bu plusieurs fois le fiel, et ce même calice était venu s'approcher des lèvres de sainte Catherine de Raconisio, alors qu'elle contemplait avec ravissement une image de saint Pierre crucifié, sur laquelle on lisait ces mots : *Ma fille, prends et bois le sang qui a été versé pour ton salut.* La bienheureuse Archangela Tardera, sainte Lutgarde, la bienheureuse Catherine Ricci, de Florence, éprouvèrent les effets de la flagellation du Christ et en conservèrent les marques. Stephana Quinzani, dont le nom a déjà été prononcé, joignait ces mêmes stigmates de la flagellation à ceux de la couronne d'épines.

Ainsi, graduellement, se complétaient dans la personne des extatiques les circonstances de la Passion. Ce drame douloureux était l'objet de leurs méditations constantes et excitait vivement leur compassion. Il est vraiment curieux de voir à quel point certains mystiques étaient arrivés à prendre part aux souffrances du Sauveur, ou, suivant leur langage, à porter sa croix. On rencontre, par exemple, une Marguerite Ebnerin, qui avait un tel degré de sensibilité que, sur la seule vue d'un crucifix, elle fondait en larmes et pleurait jusqu'à l'épuisement de ses forces. Ces femmes tombaient dans un véritable état de monomanie mélancolique qui rappelle celui de certains aliénés. Ces infortunés toujours en pleurs, donnent à chaque instant les signes du plus violent désespoir. Les extatiques arrivaient, par degrés, à suivre toutes les phases de la Passion, à s'identifier avec les souffrances du Sauveur, de façon à assister en esprit aux diverses scènes qui avaient marqué sa mort. On raconte dans la vie de plusieurs des stigmatisés qu'il leur était donné de voir en extase tous les actes de la Passion. Agnès de Jésus, en assistant mentalement à ces tableaux émouvants, partageait si vivement les douleurs physiques et morales dont elle était témoin, qu'elle les ressentait successivement. C'est aussi ce qui est rapporté de Jeanne de Jesu-Maria de Burgos : depuis le mercredi jusqu'au vendredi soir, elle tombait dans une extase durant laquelle passait devant ses yeux toute l'histoire des souffrances du Christ, qu'il lui était donné de partager, et vingt ans ces extases con-

templatives se reproduisirent chaque semaine. Cette extatique
répétait en gestes et en esprit l'exercice de dévotion connu
sous le nom de *Chemin de la Croix*, et prenait, les unes après
les autres, les diverses poses du Christ, indiquées dans les sta-
tions. Marie de Morel, l'une des stigmatisées du Tyrol, qui mé-
dite sans cesse sur la Passion, en est absorbée pendant ses extases ; elle assiste avec ravissement à ces représentations imaginaires. Mais les plus célèbres des visions de ce genre sont celles
d'Anne-Catherine Emmerich, qui forment un véritable supplément à l'Évangile. Elles ont été recueillies dans un livre qui a
eu plusieurs éditions et qui est encore lu avidement par bien
des catholiques. Sans doute, le rédacteur a prêté son style à la
religieuse augustine de Dulmen ; mais il n'est point impossible
qu'elle ait elle-même décrit, d'une façon aussi circonstanciée
et aussi pittoresque, les tableaux qu'elle avait sous les yeux et
qui n'étaient que le reflet des images et des lectures dont sa tête
était remplie. Sous l'empire de l'extase, comme dans quelques
affections nerveuses, on observe un ravivement de la mémoire
et une exaltation des facultés imaginatives qui communiquent
aux malades une certaine éloquence et rendent présents à l'esprit une foule de choses et de faits qu'il avait en apparence ou-
bliés ; on voit la même chose se reproduire dans le rêve de
somnambulisme naturel et divers genres de folies. Le fait observé chez Catherine Emmerich apparut avant celui des stigmates, puisque nous voyons un pieux Écossais du nom de Wal-
then, mort en 1214, et qui a eu les honneurs de la canonisation,
assister dans ses extases à la représentation de la Passion : *raptus
in spiritu vidit vir sanctus seriatim dominicam Passionem re-
præsentari coram oculis suis*, disent les actes conservés par les
Bollandistes (*Acta sanctor.*. III, Aug., p. 264).

Les voyages en pensée dont il est parlé dans la vie d'autres
extatiques sont de même les effets d'une contemplation vive
d'images et de tableaux de la nature que la mémoire surexcitée
déroule à l'esprit : tel est le cas de sainte Lidwine, qui croyait

se rendre en terre sainte sous la conduite de son ange gardien,
tandis qu'elle demeurait immobile, et celui de Marie d'Agreda,
qui, désirant la conversion des habitants du Mexique, se trans-
porta mentalement dans ces lointains pays.

Dans les exemples que nous rapportons, il est à noter que ce
sont toujours les femmes qui dominent. Le nombre des stigmatisées connues est presque décuple du chiffre des hommes qui
reçurent cette faveur. On cite cependant le nom de quelques
hommes auxquels toutes les grâces de la stigmatisation furent
accordées en grande abondance. Ainsi, Benoît de Reggio, capucin de Bologne, vers 1602, au moment où il méditait sur les
souffrances de la Passion, sentit les épines de la couronne du
Christ lui percer le crâne ; les blessures s'ouvrirent, et, dans ce
moment, il fut embrasé d'un tel amour divin, qu'il fallut cou-
vrir de linges mouillés son corps que la sueur inondait. Charles
de Sazia, simple frère lai, auquel on doit divers ouvrages mystiques, fut pris, durant la messe, au moment de l'élévation,
d'un accès d'extase. Il vit s'échapper de l'hostie une flèche de
feu qui imprima les stigmates sur son corps, à la manière d'un
fer chaud, et lui fit ressentir toutes les horreurs des souffrances
que Jésus avait successivement éprouvées. Ces souffrances ac-
compagnèrent aussi durant sa vie un frère mineur de Perpignan,
Angèle Pelza, dont le cœur fut trouvé après sa mort, au dire
de l'acte de canonisation, percé de la même blessure miraculeuse, qui fit expirer Jésus sur la croix, et l'on alla jusqu'à ra-
conter que le cœur de divers stigmatisés était percé à jour.
M. J. Goerres a rapporté sérieusement des exemples de ce miracle. On le trouve notamment relaté dans la vie d'Angèle del
Paz de Perpignan. Son cœur, dit l'acte de canonisation, était
percé d'une blessure miraculeuse. La clarisse Cécile de Nobili,
qui vivait à Nucéria, en Ombrie, vers 1655, éprouvait, depuis
son enfance, les palpitations les plus violentes et des constric-
tions de cœur qui finirent par l'enlever dans sa vingt-cinquième
année. Le nécrologe de saint François rapporte qu'on trouva

dans sa poitrine, au voisinage du cœur, l'empreinte d'un coup de lance. Une légende analogue court sur Martine d'Arilla. Chez Marie de Sarmiento, ce fut un séraphin qui lui ouvrit le côté et lui communiqua le mystérieux stigmate du *vulnus divinum*, comme disent les théologiens. Ce fut en face d'une image de saint Laurent, étendu sur son gril, que la sœur Angela della Pace sentit son côté s'ouvrir et reçut le même stigmate. Enfin, suivant les légendaires, la clarisse Marguerite Colonna, Mariana Villana, Claire de Bugny, du tiers ordre de Saint-Dominique, portaient aussi au côté la plaie sanglante. Rappelons ici ce que nous avons dit plus haut, que, si l'on en croit le biographe de sainte Claire de Montefalco, on voyait gravés sur son cœur la figure de la Sainte-Trinité et les *instruments de la Passion.*

Outre les stigmates commémoratifs des souffrances de la Passion, plusieurs extatiques présentaient, sur d'autres parties du corps, des empreintes dans lesquelles l'imagination prétendait distinguer des figures symboliques de croix, des images du Sauveur. A la mort de Jean Yepès, dit Jean de la Croix, on crut voir sur son propre corps, exposé dans un monastère de Ségovie, les figures du Sauveur, de la Vierge, des anges et des saints. Cette merveille fut proclamée à Rome le *miracle des miracles.* Cependant elle n'existait pas pour tout le monde, et beaucoup d'yeux tentèrent en vain de jouir de la vision. Mais, sans chercher si loin et sans s'appuyer sur des faits douteux, une stigmatisée contemporaine, madame Miollis, de Villecroze, dans le département du Var, présente à la fois les stigmates de cinq plaies, *la couronne d'épines et une croix de sang* sur la poitrine.

L'accroissement graduel du nombre des stigmatisés, l'apparition de ce miracle dans les couvents où la vie de saints mystiques forme la lecture habituelle, sont une preuve évidente de l'influence de l'exemple. La stigmatisation, de même que l'extase, de même que les hallucinations religieuses, devenait une sorte de contagion. C'est ce que l'on avait observé pour certaines aberrations de la vie ascétique et mystique chez les Pères du désert de l'Égypte, chez les Flagellants au XIIIe siècle, et chez les Trembleurs de la vieille et de la nouvelle Angleterre. Les Convulsionnaires de Saint-Médard avaient commencé par être huit ou dix, et au bout de deux ans on en comptait plus de huit cents. Au Tyrol, où le souvenir de Jeanne-Marie de Roveredo s'était conservé, la stigmatisation prit un plus grand développement qu'ailleurs, et, depuis une cinquantaine d'années, on en a vu paraître trois qui ont fait l'édification des âmes pieuses : Crescentia Nieklutsch, de Tcherms ; Maria de Moerl, de Kaltern, et Maria Domenica Lazzari, de Capriana.

Les stigmates de saint François n'avaient pas tardé à devenir l'objet d'un culte spécial qui contribuait à propager chez les fervents catholiques des phénomènes mystiques de la même nature que ceux qui avaient accompagné leur première apparition. Les cinq plaies du Sauveur étaient devenues le sujet d'une dévotion particulière mise en vogue par sainte Gertrude.

En 1594 un chirurgien de Rome, nommé Pizzi, fonda une confrérie en l'honneur des stigmates de saint François. Les débuts en furent assez modestes. Mais la popularité du miracle dont retentissaient tous les cloîtres, fit prendre bientôt à la congrégation une extension considérable. Les hauts dignitaires du clergé, les prélats, les membres des plus nobles familles tinrent à honneur d'en faire partie. L'archiconfrérie des stigmates de saint François se procura, on ne sait comment, des gouttes du sang précieux qu'avaient répandu les plaies du grand docteur plus de trois cent cinquante ans auparavant, et, à la procession solennelle qui avait lieu le jour de la saint Matthieu, on portait ce sang dans une fiole. Une pareille solennité était bien de nature à entretenir une foi vive aux stigmates, surtout dans un pays où les croyances agissent moins par leur caractère moral et leur valeur dogmatique, que par la pompe dont elles s'entourent et l'éclat qu'elles jettent aux yeux.

Sans doute, ce fut l'effet d'une grâce divine qui valut à saint

François l'insigne honneur des plaies du Sauveur. Mais c'était en même temps une cruelle épreuve, puisque les stigmates sont achetés au prix de grandes souffrances. Quel acte de repentir et d'expiation peut être plus efficace que celui où l'on répète sur soi-même la Passion de Jésus ? Lors donc qu'on pouvait ne pas espérer être assez distingué de Dieu pour obtenir la faveur des stigmates, on devait du moins s'efforcer d'attirer sur soi les douleurs du crucifiement, puisque c'était l'acte le plus solennel de pénitence. Cette idée, qui avait déjà dû se présenter à des âmes pieuses avant le miracle du mont Alverne, fit des progrès, surtout dans des pays où la tendance au mysticisme est plus prononcée, en Espagne et en Italie. La vie de divers mystiques nous fournit des exemples de ces pénitences terribles dans lesquelles l'extatique figure sur lui-même le supplice du crucifiement. Agnès de Jésus vit un jour lui apparaître un ange qui lui ordonna de se préparer à souffrir des douleurs plus grandes que jamais n'en avait éprouvé aucune créature, et le soir du même jour, lorsqu'elle était couchée, le Dieu crucifié lui apparut inondé de sang. Soudain elle fut dominée d'une forte détermination de reproduire sur elle-même le supplice qu'elle voyait infligé à son Dieu. Elle étendit ses bras, plaça ses pieds comme si elle avait été mise en croix ; puis, s'imaginant sans doute ressentir la douleur du coup de lance, elle poussa un cri violent qui fit accourir les autres religieuses dans sa cellule. Celles-ci la trouvèrent en proie à cette extase douloureuse : « O mes chères sœurs, s'écria Agnès, priez pour moi, car mes souffrances dépassent mes forces. » On alla en toute hâte quérir son confesseur, et, après avoir beaucoup pleuré, elle revint à elle-même, et fut en état de recevoir la communion. Une religieuse du tiers ordre de Saint-Dominique, Jeanne de Carniola, qui, dès son enfance, avait manifesté des dispositions extraordinaires pour la piété et une tendance toute particulière vers le mysticisme, étant, un jour de vendredi saint, à méditer sur les souffrances du Sauveur, prit tout à coup la pose du Christ en croix, et demeura ainsi quelque temps dans un état de roideur cataleptique. Cette religieuse d'Orviète ressentait si vivement, en esprit, les souffrances des martyrs, que chaque jour elle s'identifiait avec celui dont la fête était célébrée, éprouvant mentalement les mêmes angoisses que lui. Un jour de Saint-Pierre, ses sœurs la trouvèrent dans la pose d'un crucifié, la tête en bas, comme le saint apôtre dans son martyre. Aujourd'hui encore, en Italie, il n'est pas rare de rencontrer dans les églises et les chapelles des cloîtres des femmes qui prennent en priant la position du Christ sur la croix : elles étendent les bras, inclinent la tête et se frappent de façon à faire éprouver à leurs membres les douleurs du percement des clous. Ainsi immobiles, elles finissent par tomber dans une extase cataleptique. M. Th. Gautier rapporte, dans son *Voyage en Espagne*, qu'il trouva une extatique de ce genre à l'église Saint-Jean-de-Dieu de Grenade : elle avait les bras étendus et en croix, roides comme des pieux ; sa tête était renversée en arrière, ses yeux retournés ne laissaient voir que le blanc ; ses lèvres étaient bridées sur les dents, sa face était luisante et plombée. M. Aug. de Saint-Hilaire raconte dans son *Voyage au district des diamants*, au Brésil, qu'une extatique qu'il vit dans la *Sierra da Piedade*, et du nom de sœur Germaine, prenait tous les vendredis l'attitude du Christ en croix. Ses membres se roidissaient, ses bras se croisaient ; elle demeurait souvent quarante-huit heures dans cet état de rigidité cataleptique. Les médecins ont noté plusieurs cas de catalepsie extatique dans lesquels les malades, sous l'empire d'une préoccupation religieuse, affectaient la pose du Christ en croix. Telle était, par exemple, une jeune fille de treize ans, qu'observa au milieu du siècle dernier, dans les environs d'Alais, le docteur Privat. Dans ses crises, elle étendait ses bras en croix, d'une minute à l'autre, et s'écriait en patois : « Jésus ! Jésus ! ouvrez-moi les portes du paradis ! » Un cordonnier de Venise, nommé Mathieu Lovat, tomba, au commencement de ce siècle, dans un accès de frénésie religieuse, et alla jusqu'à se crucifier réellement avec des clous. Mais les temps avaient changé ; le pauvre extatique fut reconnu pour un fou. On le guérit de ses blessures ; toutefois il finit par mourir d'étisie. Plusieurs convulsionnaires prenaient aussi dans leurs accès la pose du crucifix et simulaient les douleurs de la Passion. Ce genre de délire avait été également inspiré par les pénitences absurdes qu'infligeaient certains prêtres à ceux dont ils dirigeaient la conscience. Au siècle dernier, Bonjour, curé de Farcins, crucifia une fille, en présence de quinze à seize personnes, et cette malheureuse dut se rendre à Port-Royal, pieds nus, avec des clous dans les talons.

Sous les apparences d'une résignation profonde aux volontés de Dieu, il y avait chez tous ces extatiques un sentiment d'orgueil. Répétant sur eux le supplice de la Passion, ils s'offraient de nouveau en victimes expiatoires pour les péchés des autres, et croyaient ainsi s'élever aux mérites du Christ. Ce titre de victime expiatoire, non-seulement assurait leur salut, mais les proposait encore à l'admiration de tous comme des trésors de grâce et des vases d'élection. L'idée de devenir une victime d'expiation troubla le cerveau de plusieurs mystiques. On la retrouve dans les visions d'un assez grand nombre de dévotes des XVIe et XVIIe siècles. Marie de l'Incarnation se voyait parfois plongée dans des flots de sang, qu'elle reconnaissait pour être celui de Jésus-Christ, versé, disait-elle, à cause des péchés qu'elle avait commis. Et alors elle s'offrait pour être immolée en sacrifice à la place de son Sauveur. Catherine de Bar, qui prit le nom de mère Mathilde et qui était née à Saint-Dié, en Lorraine, en 1619, fonda à Rambervillers, quarante ans après, en 1659, un nouvel ordre monastique sous la règle de saint Benoît modifiée, avec le titre de Religieuses adoratrices perpétuelles du Très-Saint-Sacrement de l'autel. Le caractère propre de ces religieuses était de se donner comme des victimes en réparation des outrages faits à Jésus-Christ dans l'Eucharistie, répétition journalière de la Passion. L'influence que cet ordre

singulier exerce sur quelques femmes d'un esprit faible fut très
remarquable. Les *victimes* s'imposaient des rigueurs, des pénitences extraordinaires, et affectionnaient les actes ascétiques qui
figuraient les horreurs de la Passion. Quelques dévots atta-
chèrent une grande vertu à cette répétition de ce sacrifice, offert
en expiation de nos crimes. Un certain Desmarets-Saint-Sor-
lin, soutenu par les jésuites, proposa sérieusement une armée
de 140,000 *victimes* pour combattre les jansénistes de Port-
Royal et renverser toutes les citadelles du diable !

L'enthousiasme qui faisait croire aux Franciscains à un second avénement de Jésus-Christ, dans la personne de leur fondateur, et les mettait ainsi sur la pente d'une nouvelle religion
différente du christianisme, se reproduisit, vers 1732, à propos
des *victimes*. Des rêveurs débitèrent que le second retour de
Jésus-Christ serait précédé de l'immolation de victimes, dont le
sang mêlé à celui du Sauveur apaiserait la colère divine. La plus
célèbre des femmes qui donnèrent dans ces extravagances est
mademoiselle Brohon, morte à Paris en 1778. Cette visionnaire
avait, comme sainte Catherine de Sienne, sainte Thérèse et
d'autres mystiques connues, un mérite de style. Elle n'entra
point dans l'ordre qu'avait fondé Catherine de Bar, mais ayant
vécu longtemps en Lorraine, où les bénédictines du Saint-Sa-
crement étaient alors fort nombreuses, elle subit l'influence de
ses idées. Elle parvint à exercer un véritable empire sur des
gens distingués, et elle occupa de ses hallucinations et de ses
prétendues prophéties une foule de membres du clergé et des
personnes de la haute société. Ses visions avaient la plus grande
analogie avec celles des stigmatisés. Un jour elle voyait Jésus-
Christ lui montrer la plaie de son côté, en lui disant : « Voilà
ton tombeau, ton lit nuptial, ne me cherche plus sur la croix ;
je t'ai cédé cette place ; je ne serai plus crucifié, mes victimes
le seront pour moi. » Une autre fois, Jésus lui communiqua le
calice d'amertume qu'il a bu sur le Calvaire. Mademoiselle Brohon
représente le côté allégorique et métaphysique des idées dont,

vers la même époque ou un demi-siècle plus tard, Colombe Schanolt, morte à Bamberg en 1787, Madeleine Lorger, morte à Hadamar, en 1806, Anne-Catherine Emmerich, à Dulmen, quinze ans plus tard, présentaient le côté physique.

Dans le midi de la France, la propagation des mêmes idées fit apparaître dans la Provence une stigmatisée, celle de Villecroze, madame Miollis, et l'histoire de Rose Tamisier ne semble pas étrangère à ces influences. Quant à l'Italie et à l'Espagne, le mysticisme y avait toujours régné, et nous ne nous étonnerons pas de rencontrer encore au commencement de ce siècle, à Ozieri, en Sardaigne, une stigmatisée, Rose Cerra, religieuse capucine.

§ II.

Les exemples de stigmatisation sont donc assez fréquents dans l'histoire du mysticisme. C'est un phénomène surprenant, mais qui s'est reproduit dans des pays si nombreux, et de si courts intervalles, qu'il est difficile de le révoquer en doute. A la mort de saint François, plus de cinquante religieux purent toucher de leurs mains sur le cadavre du grand docteur l'empreinte mystérieuse des cinq plaies; le pape Alexandre IV et plusieurs cardinaux déposèrent de ce miracle comme témoins oculaires. Le célèbre Pic de la Mirandole vit lui-même l'empreinte de la couronne d'épines que portait sur son crâne sainte Catherine de Raconisio, et il nous en a laissé une description. C'était une sorte de sillon qui faisait le tour de la tête et dont la profondeur était assez grande pour que le doigt d'un enfant pût y entrer. Les bords étaient relevés en un bourrelet charnu qui répandait du sang et causait à la sainte les plus vives douleurs. Pierre de Dacie nous donne de la couronne d'épines empreinte sur le front de Christine de Stumbelen une description analogue. On pourrait douter de l'exactitude de ces témoignages qui datent d'une époque de crédulité. Mais au commencement de ce siècle, en 1813, le célèbre comte de Stollberg visita Anne-Catherine

Emmerich, et nous a laissé une description de ses stigmates, description qui est d'ailleurs confirmée par la relation qu'un médecin a publiée dans un journal de Salzbourg, des phéno-- mènes observés chez cette extatique. Voici maintenant ce qu'un voyageur prussien, éclairé et non-prévenu, M. E. de Hartwig, nous rapporte dans ses *Lettres sur le Tyrol*, publiées à Berlin, en 1846, des deux stigmatisées de cette contrée : Marie de Moërll, religieuse du tiers ordre de Saint-François, a été mar- quée des stigmates au commencement de l'année 1834. Le sang coule quelquefois de ses plaies le vendredi, mais surtout pen- dant la semaine sainte et le jour de la fête des Stigmates-de saint François. Ces plaies ont pu être vues de tout le monde ; car les étrangers ont été longtemps admis, sans aucune diffi- culté, à la visiter. L'*addolorata* de Capriana, Maria Dominica Lazzari, porte les stigmates non-seulement aux mains, aux pieds et au côté ; mais elle porte encore sur le front l'empreinte de la couronne d'épines. Un ecclésiastique distingué, M. l'abbé de Cazalès, a vu et touché ses plaies. Enfin, plusieurs contempo- rains ont aussi attesté l'existence des stigmates de l'extatique de Tcherms, Crescenzia Nicklutsch, dont la stigmatisation s'opéra en 1835, et qui présente aux quatre membres, au front et au côté, des empreintes sanguinolentes.

On a, du reste, publié divers écrits sur les stigmatisées con- temporaines, entre lesquels nous citerons ceux de MM. L. Boré et l'abbé F. Nicolas. Il est facile de se les procurer ; et si le ca- ractère respectable des auteurs de ces écrits permettait de mettre en doute leur véracité, on ne pourrait supposer qu'ils se fussent exposés à recevoir un démenti facile.

Nous devons cependant faire remarquer que la crédulité des personnes pieuses qui ont visité les extatiques du Tyrol et les extatiques de la même famille, que l'imagination des bio- graphes ont pu fort exagérer le miracle des stigmates. Ce que nous savons de la stigmatisation de saint François nous en est bien la preuve. C'étaient de simples ulcérations ; mais bientôt, afin de rendre la merveille plus grande, on avança que les têtes des clous se voyaient bien marquées aux extrémités, au dedans des mains et au-dessus des pieds, et que les pointes, repliées de l'autre côté, étaient enfoncées dans la chair. Des esprits disposés au merveilleux se hâtaient de crier au miracle, et trouvaient à de simples boutons, à des furoncles ou à des excroissances naturelles, une analogie avec les plaies du Sauveur. Ne vit-on pas à Ségovie le corps du bienheureux Jean de la Croix, devenir, en 1591, le sujet de pareilles visions? Les fidèles s'imaginaient voir apparaître sur son cadavre des figures miraculeuses de crucifix, d'anges, de vierges, de colombes, images que de plus clairvoyants déclaraient ne pas apercevoir du tout; ce qui n'empêcha pas à Rome de proclamer ce fait le *Miracle des miracles*. A la ruse et à la fraude se joignirent aussi très certainement l'illusion et le goût du merveilleux, non du stigmatisé, mais de ceux qui le contemplai nt.

Entre beaucoup de ces extatiques qui ont si fort excité la dévotion des fidèles, à une époque de peu de lumières et d'universelle crédulité, et certains monomanes religieux qui sont aujourd'hui traités dans les asiles et les maisons de santé, il n'y a, en vérité, qu'une bien petite distance à franchir. Quand on lit de sang-froid la relation qui nous a été donnée des visions, des sensations étranges, des phénomènes bizarres dont ces personnages étaient incessamment assaillis, il est impossible de n'y pas reconnaître une véritable maladie mentale, développée à la suite d'extases répétées, d'abstinences prolongées, de rigueurs et de pénitences infligées au corps sans modération, de façon à déranger toute l'économie, de méditations obstinées sur les faits surnaturels qui finissent par tourner en idée fixe. Sainte Gertrude, sainte Rose de Lima, Jeanne le Royer, dite sœur de la Nativité, sont dans ce cas; mais la folie est encore bien plus manifeste chez une des stigmatisées des plus célèbres: sainte Christine de Stumbelen, morte en 1312, et qui reçut à la fois les stigmates de la croix et ceux de la couronne d'épines. Cette visionnaire croyait éprouver, toutes les nuits, les peines du purgatoire, absolument comme, plus tard, on vit la jeune Anne-Catherine Emmerich se croire en commerce avec les âmes qui habitaient ce triste séjour. Il semblait à Christine qu'on lui entrait des clous aigus dans le corps ; elle s'imaginait que les démons l'enchaînaient et la plongeaient dans la poix bouillante ; elle entendait leurs éclats de rire infernaux et se sentait martelée par eux. Elle voyait des cadavres d'où s'échappaient des vers, des serpents, des crapauds, que des diables, disait-elle, plaçaient sous ses yeux. Ces animaux impurs venaient lui mordre le nez, les oreilles, les lèvres et jusqu'à ces parties du corps qu'ils dévorent sur les bas-reliefs de l'abbaye de Moissac. Elle sentait ces hideux reptiles pénétrer en sifflant dans ses parties les plus secrètes, et était infectée par l'odeur effroyable que les démons répandaient autour d'elle.

Il est impossible de s'y méprendre, la sainte était ici en proie aux accès les moins équivoques d'hystérie et d'aliénation mentale. Nous retrouvons aussi chez elle cette succession de sentiments opposés, ces accès d'amour violent, ces sécheresses et ces dégoûts profonds dont se plaignent la plupart des femmes mystiques, et qui, dans ce sexe, sont un des caractères, un des symptômes des désordres nerveux. Anne-Catherine Emmerich, qui était généralement remplie d'un vif sentiment de charité pour tous les hommes et consacrait sa vie à expier leurs péchés, se trouvait parfois saisie d'aversions insurmontables et non motivées ; et ce qui achève de prouver la perturbation mentale, c'est qu'elle accusait, comme certains fous, une personne invisible d'être toujours présente devant elle, remplie à son égard de toutes sortes de mauvaises dispositions, quoiqu'elle n'eût jamais entretenu avec cet inconnu des rapports d'aucune sorte. De pareilles visions, accompagnées d'hallucinations des sens, se rencontrent à peu près chez toutes les stigmatisées, et leur état fut si maladif, qu'on les prit plus d'une fois pour des folles, et qu'en conséquence on les exorcisa. La bulle de canonisation de sainte Marguerite de Cortone, émanée du pape Benoît XIII, déclare que cette sainte, rendue participante des douleurs de Jésus-Christ, conformément à ses ardents désirs, était quelquefois aliénée de ses sens, et tombait dans un état pareil à celui de la mort. Dans une de ses extases, on vit cette fille grincer des dents, se rouler et se replier comme un ver, au milieu de l'église même, en présence d'un grand concours de peuple, si bien qu'on la tint pour une possédée. Durant cet accès d'épilepsie, Marguerite assistait en pensée à la scène de la Passion. Saint Jérôme, dans une de ses lettres où il nous décrit le voyage de sainte Paule en Palestine, cite des convulsionnaires pareils qu'on rencontrait au tombeau des prophètes et des patriarches. Maria de Moerll, l'extatique de Kaltern, est attaquée depuis sa jeunesse d'une maladie nerveuse et d'accès hystériques En 1833, elle présentait les phénomènes les plus bizarres et les plus maladifs : des clous, des aiguilles, des morceaux de verre, qu'elle avalait dans des accès de délire, et à son insu, lui sortaient ensuite par diverses parties du corps. On l'exorcisa, et elle fut, dit-on, délivrée de ces apparitions démoniaques. N'y avait-il pas de plus, dans ce dernier fait, quelque fraude ? Quant à moi, j'incline à le penser. On découvre bien souvent chez ces extatiques, et tel était le cas pour les convulsionnaires, des supercheries auxquelles elles ont recours, dans le but d'augmenter l'étonnement du public et d'accroître ainsi leur réputation de sainteté. Que de fois les confesseurs de ces filles ont été dupes de leurs jongleries, tout comme les magnétiseurs le sont fréquemment de leurs somnambules ! On pourrait citer bien des exemples de ces mystifications pieuses dont ont été victimes les personnes les plus graves. Nous rappellerons à ce sujet la fameuse demoiselle Rose, dont l'histoire nous est racontée par Saint-Simon. Cette béate à extases et à visions en avait imposé à beaucoup de gens et des plus distingués ; elle passait pour avoir opéré des miracles, et il circulait sur son compte les choses les plus merveilleuses ; l'ascétisme qu'elle affichait était incroyable,

et à ces démonstrations de vertus austères elle joignait une pa-
role empreinte d'une certaine éloquence. Le cardinal de Noailles,
instruit de ses intrigues, finit par la chasser du diocèse de Paris.
Plus anciennement, dans le Traité du célèbre Gerson, *Sur les
vérités nécessaires au salut*, il est question d'une femme de
Savoie dont le procès fut instruit à Bourg en Bresse. Cette fri-
ponne s'était jouée pendant longtemps de la simplicité et de la
dévotion du clergé de son pays ; elle avait des visions, elle tombait dans de fréquentes extases, durant lesquelles elle entrait,
comme Anne-Catherine Emmerich, en commerce avec les âmes
du purgatoire. A force de prières, elle obtenait tous les jours la
délivrance de quelques-unes de ces âmes. Deux charbons
qu'elle déposait sur son pied l'avertissaient, par les douleurs
vives qu'ils lui faisaient éprouver, toutes les fois qu'une âme se
rendait en enfer. De même que la plupart des extatiques, cette
fille s'était soumise à une abstinence extraordinaire, et l'examen
circonstancié qu'on fit d'elle, prouva qu'elle était en proie à une
maladie nerveuse et attaquée d'épilepsie. Aussi le chancelier de
l'Université de Paris, qui avait reconnu, par sa propre expé-
rience, que beaucoup de ces visionnaires et de ces extatiques
n'étaient autres que de rusées monomanes ou des intrigantes
sujettes aux vapeurs, écrivit-il un traité *Sur la distinction des
vraies et des fausses visions*. Il y propose une théorie, fort sa-
vante pour le temps, des hallucinations, et y fait des réflexions
judicieuses sur les effets du jeûne, de l'abstinence, de la maladie et des nerfs dans la production des visions. L'idée de simu-
ler sur son corps ces mêmes plaies que le Christ reçut au Calvaire était déjà venue à un imposteur, deux ans avant le miracle
du mont Alverne. En 1222, on avait condamné, au concile
d'Oxford, comme faussaire, un personnage qui portait empreints
aux pieds, aux mains et au côté, les stigmates de Jésus-Christ.
Personne n'a oublié la fameuse affaire de Rose Tamisier, qui
occupa un tribunal de Vaucluse au mois de septembre 1851. Rose
était, depuis longtemps, connue par sa vie mystique, et sa phy-

sionomie rappelle d'une manière frappante ce qui nous est dit
des extatiques stigmatisées. *Elle portait sur la poitrine des stigmates qui rendaient du sang, imprimaient sur le linge qu'on y
appliquait des images mystérieuses, et, au dire même du curé de
Saignon, y dessinèrent un jour une figure de la Vierge.* Toutes
les circonstances de cette affaire curieuse ont dénoté en Rose
Tamisier ce mélange de dévotion, de ruse, d'intrigue et d'exaltation qu'on retrouve chez d'autres mystiques bien célèbres :
madame Guyon, Marie Alacoque, madame de Krudner, sans
compter mademoiselle Brohon, dont il a déjà été question, et
cette fameuse voyante de Prevorst, Frédérique Hauffe, qui avait
persuadé à Kerner qu'elle parlait la langue du temps des patriarches, mystifia Mayer, Eschenmeyer et J. Goerres. C'est le
cas d'appliquer le proverbe espagnol : *Medio de loco y medio
de picaro.*

Il faut donc accorder une certaine part à la fraude dans le fait
de la stigmatisation. Entre les extatiques qui viennent d'être ci-
tées, peut-être s'en trouvait-il aussi qui s'étaient fait elles-mêmes,
sans le savoir, dans des accès de délire, les stigmates qu'elles portaient ; et, en agissant ainsi, elles s'imaginaient vraisemblable-
ment exécuter la volonté de Dieu, ou même, jouets d'une hallucination, être marquées de ces stigmates par l'action des rayons
célestes. Il n'est pas rare de voir des aliénés, en proie à des mo-
nomanies religieuses, supposer que les objets qu'ils ont entre
les mains leur ont été remis par des personnages surnaturels, ou
qu'ils en ont reçu des blessures, des coups, des empreintes, qui
ne sont dues qu'à la maladie ou à leurs propres égratignures.
C'est déjà ce qu'avait signalé dans l'antiquité Arétée de Cappa-
doce. « Certains fous, dit ce médecin grec, se font des blessures,
croyant, dans leur pieux délire, que les dieux exigent d'eux ce
sacrifice. » La supposition que les stigmates ont été souvent
l'œuvre des stigmatisés eux-mêmes, trompés par une hallucination, est d'autant plus admissible, que nous venons de voir,
constatés chez eux, les symptômes de l'hypochondrie, de l'hysté-

rie, des maladies nerveuses les mieux caractérisées et jusqu'à
de la folie. M. E. de Hartwig, lorsqu'il vit l'extatique de Kaltern, la trouva dans un état de catalepsie complète. Ses yeux
étaient fixes et sans mouvement ; ses mains étaient croisées sur
la poitrine, suivant la manière de prier du Tyrol ; ses doigts
très serrés les uns contre les autres, et son corps demeurait in-
cliné en avant, dans la posture la moins naturelle et la plus incommode. Après l'avoir considérée un quart d'heure, le voyageur allemand remarqua en elle des mouvements convulsifs qui
furent suivis d'une sorte de râle dont l'intensité allait s'aug-
mentant. Marie de Moerll restait presque constamment dans cet
état de crise dont prétendait cependant pouvoir la tirer son
confesseur, le P. Capistran ; c'était un moine qui offrait les dehors d'un véritable ascète de l'Orient, et qui exerçait sur elle,
depuis 1833, un empire absolu très analogue à celui que les
magnétiseurs prétendent avoir sur leurs somnambules. Quand
l'extatique cessait d'être plongée dans cette demi-insensibilité,
elle ne parlait à personne, hormis au P. Capistran, et son intelligence semblait être tombée dans un état voisin de l'enfance ;
car elle n'avait d'autre occupation, pendant ses retours à la vie
externe, que de jouer avec des tourterelles.

La stigmatisation est donc l'effet d'une maladie, d'un trouble
général de l'économie. C'est la conséquence d'un dérangement
mental dû à une surexcitation de la contemplation religieuse,
aux abus de l'abstinence et de l'ascétisme chez des constitutions
déjà prédisposées aux désordres de l'innervation. Or, dans toutes
les aliénations mentales, le moral exerçant une action puissante
sur le physique, les idées réagissent sur les organes et y portent,
pour ainsi dire, la perturbation à laquelle elles sont en proie.
Les personnes à imagination vive, à constitution nerveuse déli-
cate, sont beaucoup plus aptes à présenter ces réactions du moral sur le physique. On a vu bien souvent des maladies contrac-
tées ou guéries sous l'empire d'émotions profondes, d'espoirs
ardents ou de craintes terribles. Les cures nombreuses qui se

sont opérées et s'opèrent encore dans les pèlerinages, près des reliques ; celles qu'on obtient quelquefois par l'attouchement d'amulettes ou la récitation de certaines paroles ; celles dont les anciens furent redevables à leurs oracles, tout comme celles qu'obtinrent des charlatans du nom de Valentin Greatrakes, Gassner et Cagliostro, sont de cet ordre (1).

C'est à cette classe de phénomènes dus à l'action du moral sur le physique que paraît appartenir la stigmatisation. On a vu des individus s'imaginer en rêve recevoir des blessures, des coups ou être frappés de maladie, et le lendemain, à leur réveil, ou quelques jours après, sous l'empire de cette persuasion, des ulcérations ou des traces d'inflammation se montraient sur les parties de leur corps qu'ils supposaient avoir été atteintes. Les solitaires de la Thébaïde et quelques visionnaires faisaient voir sur leur peau les marques rougeâtres qu'avaient laissées le fouet du démon ou de l'ange qui les avait châtiés. Sous l'influence de l'imagination, par un effet de l'attention, le sang se portait à l'endroit où le visionnaire se croyait frappé. M. Hecker, dans son curieux travail sur la chorée, nous apprend que les prétendues cicatrices laissées par les morsures supposées de la tarentule, changeaient de couleur, lors des accès nerveux. Le célèbre physiologiste Burdach note que l'on vit un jour une tache bleue sur le corps d'un homme venant de rêver qu'il avait reçu une contusion en cet endroit. De même, ceux qui s'imaginaient avoir été lutinés pendant leur sommeil par un démon succube, montraient, comme preuve de la *présence de cet incommode camarade de lit*, des taches violacées dues à l'afflux du sang, et que les auteurs qui ont écrit sur la démonologie ont désignées sous le nom de *sugillationes*. Lorsque les convulsionnaires prenaient, au tombeau du diacre Pâris, la pose du Christ sur la croix, on voyait sou-

---

(1) Marsile Ficin rapporte que certains malades furent guéris en touchant des ossements d'animaux qu'on supposait être des reliques ; Pierre Pomponat relève des faits analogues.

vent leurs extrémités devenir rouges, la paume de leurs mains
s'enflammer, une sorte de stigmate passager accompagner cette
mauvaise parodie de la Passion. Il a suffi que les extatiques por-
tassent habituellement leurs pensées sur ces plaies tant désirées
pour que le sang y affluât. C'est ce qu'avait déjà supposé, au
xvi⁰ siècle, Pierre Pomponat, lorsqu'il admettait que les stigmates de saint François étaient un effet de l'ardeur de son imagination. Et telle est aussi l'explication à laquelle s'est arrêtée
un des plus savants théologiens de l'Allemagne, M. A. Tholuck,
dans un traité spécial sur les miracles de ce genre. On n'a be-
soin souvent que de concentrer son attention sur une partie de
son corps, avec l'idée qu'on en souffre, pour y faire naître une
véritable douleur, et cela a d'autant plus facilement lieu, qu'on
est plus disposé à l'hypochondrie ou qu'on est sujet aux rhuma-
tismes et à la névralgie. Certaines personnes parviennent à déterminer des fourmillements dans les doigts ou d'autres parties
de leur corps en y fixant leur pensée. Un médecin anglais distingué, le docteur Elliotson, a recueilli un assez grand nombre
de faits de ce genre. Que ce soit de la même façon que les stigmates se produisent, c'est ce qui résulte du témoignage même
des stigmatisés. Ces derniers nous apprennent que c'est par une
concentration puissante de leur pensée sur les stigmates, par une
application réitérée de la contemplation des plaies du Sauveur
à leur propre corps, qu'ils sont parvenus à en être marqués.

Chez les femmes, le phénomène se conçoit encore plus facilement, et c'est ce qui explique pourquoi elles nous en offrent
de beaucoup plus nombreux exemples. Toutes les extatiques
sont dans un état de désordre physique qui ne permet pas aux
fonctions régulières de s'opérer ; les sécrétions, les pertes périodiques de sang sont supprimées et prennent, pour ainsi dire, le
cours des stigmates. Tous les médecins savent que la folie est
fréquemment déterminée par la même cause, et lorsqu'une
émotion vive ou un effet physique ont amené la suppression des
fonctions périodiques, toute l'économie est troublée. « Alors, des

organes, dit un médecin auquel on doit un travail sur ce sujet,
M. Bouchet, qui, dans l'état physiologique, n'avaient aucune
liaison directe avec le cerveau, lui communiquent, par un rap-
port sympathique qui s'établit entre eux, leur propre inflammation. » Tel est, évidemment, le cas dans la stigmatisation. Les
phénomènes de l'hystérie et de l'hypochondrie, fréquemment
accompagnés de délire, présentent des formes si bizarres et si
multiples, qu'ils déroutent tous les jours les médecins. Les
maladies les plus étranges sont simulées, la puissance de certaines facultés physiques ou morales est portée à un degré extraordinaire, et la sensibilité tellement exagérée ou pervertie, qu'on
a pu croire à des sens nouveaux, à la vision par l'épigastre, à la
puissance divinatoire et au don des miracles. Voilà ce qui nous
explique pourquoi des facultés de ce genre sont attribuées aux
extatiques comme aux somnambules cataleptiques. Des personnes dépourvues de critique et de connaissances médicales,
avides de merveilleux et toujours prêtes à admettre ce qui est
en dehors du sens commun, se hâtent de propager ces prétendus
prodiges qui viennent grossir les livres, et, une fois imprimés,
prennent l'autorité d'un fait. Des hémorrhagies ont précédé, chez
presque tous les stigmatisés, l'apparition des plaies. Après que
le miracle eut été opéré, les pertes de sang disparurent. Dans
les hagiographes, il est plus d'une fois question d'extatiques qui
répandaient du sang. Pour ne citer qu'un fait, la chronique de
Frodoard rapporte à l'an 920 l'histoire d'une toute jeune fille,
nommée Ozanne, du canton de Vezelay, laquelle était sujette à
des visions et demeurait souvent sans mouvement durant toute
une semaine, suant du sang, de façon que son front et sa figure
en étaient inondés. Les détails qu'ajoute le chroniqueur rappellent d'une manière frappante ce que nous savons de l'extatique de Kaltern.

Toutefois, le désir pouvait n'être pas assez puissant ou le désordre de l'économie assez complet pour que les stigmates se
produisissent à l'extérieur. Un assez grand nombre d'extatiques,

parmi lesquels il faut citer Ursule Aguir, de Valence, Hieronyma Caruaglio, Madelaine de Pazzis, Mechtilde de Stanz, Columba Rocasani, etc., éprouvèrent les douleurs du crucifiement ou de la couronne d'épines sans en présenter les marques. Dans leur délire, ces extatiques s'étaient imaginé endurer les mêmes tortures que le Sauveur, et, sous l'empire de cette croyance, des douleurs analogues à celles que détermine l'hypochondrie persistèrent durant le cours de leur vie. D'autres extatiques furent plus heureux : ils gardèrent la marque des plaies du Sauveur, sans cependant les présenter toutes. Les uns ne portaient sur le front qu'une cicatrice imparfaite de la couronne d'épines. Tel était le cas pour la sœur Catherine Cialina, qui vivait vers 1619 en Italie, et pour Amélie Bicchieri de Verceil. La religieuse augustine Ritta de Cassia ne présentait au front que quelques boutons, bien qu'elle eût éprouvé souvent au pied de la croix les douleurs du crucifiement. D'autres n'avaient que quelques-unes des cinq plaies. Le Franciscain Jean Graio ne reçut qu'aux pieds la marque des clous. Robert de Malatesta, de la famille princière de Rimini, et qui abdiqua les grandeurs pour prendre l'habit du tiers ordre de Saint-François, n'avait été stigmatisé qu'à la figure ; Blanca Gusman, fille du comte Arias de Lagavedra, n'offrait qu'à un seul pied la divine empreinte, et les mains n'avaient point été non plus stigmatisées chez l'extatique Catherine, de l'ordre de Cîteaux.

Par contre, si les stigmates n'étaient pas complets chez certains extatiques, on les trouve plus que complets chez d'autres. Les hagiographes rapportent de plusieurs stigmatisés qu'ils portaient sur diverses régions du corps des empreintes tenues pour merveilleuses. La patiente de Capriana offre aussi sur les reins ces mêmes ulcérations dont sont marqués ses membres, et la stigmatisée du Var, madame Miollis, porte sur la poitrine, aussi bien qu'à la paume des mains et au dos des pieds, des plaies sanguinolentes. Cette plaie de la poitrine, dans laquelle des gens prévenus ont cru reconnaître la forme d'une croix, s'observait également chez Anne-Catherine Emmerich, qui prétendait l'avoir reçue de Jésus-Christ, un jour de la Saint-Augustin, lorsqu'elle était ravie en extase et les bras étendus. Ce stigmate laissait couler une humeur incolore et brûlante. Des empreintes du même genre sont signalées chez d'autres extatiques. Il est probable que si l'on avait examiné avec attention le corps de tous les stigmatisés, on aurait retrouvé bien souvent des ulcérations ou des pustules toutes semblables aux stigmates, répandues sur diverses de ses parties et dues à leur état maladif. Mais ceux qui cherchaient le miracle, n'ont tenu compte que de ce qui figurait à leurs yeux les plaies du Sauveur.

Une fois cette diapédèse établie, sous l'influence périodique de la volonté, peut-être aussi des moyens extérieurs aidant, et, chez les femmes, sous celle des pertes mensuelles, un afflux de sang revient à des époques régulières. C'est ce qui nous explique pourquoi les plaies des stigmatisées coulent généralement le vendredi ou à des fêtes anniversaires qui rappellent le supplice de la Passion. Ces jours-là, la méditation sur les souffrances du Sauveur est plus exaltée et la préoccupation mystique plus complète. Nous voyons que les extatiques qui enduraient les souffrances de Jésus-Christ, sans en porter cependant les marques, avaient généralement un retour de douleur les vendredis.

Ce sont des procédés et des causes du même genre qui doivent avoir amené les stigmates chez une extatique dont il est question dans la vie de saint Ignace de Loyola. Cette fille, qui avait été examinée, vers 1550, par le moine dominicain Reginaud, tombait dans des accès de catalepsie durant lesquels elle était privée de toute sensibilité; elle demeurait comme une morte, bien qu'elle entendît encore quand on l'appelait, et pût, dans ce cas, revenir à la vie. Elle portait sur son corps les stigmates du Christ, pour lequel elle ressentait un si vif amour, qu'elle semblait s'identifier avec lui, *ut in Christum ipsum amore transformatam diceres* (1). Sa tête présentait aussi la

_____

(1) *Vita altera S. Ignatii Loyolæ*, ap. Bolland. *Act. sanct.*, 31 jul., p. 767.

marque de la couronne d'épines, et ses plaies, au témoignage de son père et de tous ceux qui l'entouraient, rendaient du sang de temps à autre. La conduite ultérieure et le caractère de cette extatique n'ayant point répondu à ce que promettait un pareil miracle, saint Ignace de Loyola, qui ne pouvait s'expliquer que Dieu eût choisi pour le trésor de sa grâce une personne si indigne, mit les stigmates sur le compte du démon.

Un religieux trappiste, qui est en même temps médecin, M. Debreyne, nous a donné son *Essai sur la théologie morale dans ses rapports avec la physiologie et la médecine*, le récit d'un fait analogue. Il corrobore les observations précédentes, et prouve, en même temps, combien la ruse est venue fréquemment au secours du miracle. L'aumônier de l'hospice d'un de nos départements du nord, consulta, en 1840, le P. Debreyne sur l'état extraordinaire que présentait une jeune fille de dix-huit ans. Elle portait les stigmates au sein et aux pieds, et de ses plaies coulaient, tous les vendredis, quelques gouttes de sang. Mais la conduite peu exemplaire de cette fille faisait soupçonner de la fraude, et il était à croire qu'elle était elle-même l'auteur de ces plaies miraculeuses. Dans le but de s'en assurer, on appliqua sur son pied un linge que l'on serra fortement et qui fut cousu, pour mieux constater si elle y toucherait ; on mit sous cette bande une hostie non consacrée, de façon à empêcher qu'on ne perçât le linge avec une épingle ou une aiguille. Le vendredi soir, le petit appareil fut levé, et il fut trouvé parfaitement intact, mais on remarqua que le sang avait coulé de la plaie. Il y avait deux ans que ces plaies présentaient le même phénomène, et il était dès lors difficile de nier une stigmatisation réelle. A ce prétendu miracle venaient se joindre des faits étranges, que ne pouvaient s'expliquer les personnes qui en étaient témoins. Entre autres jongleries, on voyait tout à coup dans ses mains, sans qu'on pût savoir d'où elle les tirait, des morceaux de sucre ou des pommes cuites, qu'elle prétendait recevoir de la Vierge, de l'enfant Jésus ou de saint Jean-Baptiste. Quoique la fraude fût manifeste, on ne put jamais décou-

vrir comment cette fille s'y prenait ; car on visita vainement son
lit, son bonnet et ses vêtements.

M. Debreyne ne fut pas dupe de cette intrigante, fort bornée
du reste d'intelligence ; il ne tint aucun compte du prodige
supposé, et bientôt les stigmates disparurent. Mais il en avait
assez vu pour se convaincre d'une cause naturelle, et voici ce
qu'il écrivit à l'aumônier :

« Les physiologistes savent très bien qu'il est facile de faire
contracter à l'économie animale certaines habitudes, soit nerveuses, soit hémorrhagiques. Un médecin célèbre a rendu une
épilepsie périodique dans le but de la *couper* par le quinquina,
et il a réussi. Qu'est-ce qui empêcherait d'en faire de même
pour une plaie, en la rendant saignante à un jour ou à une
heure fixe de la journée ? Cela paraît très facile avec le temps
nécessaire, surtout si, au moment où l'on veut que le sang pa-
raisse, on exerce une compression circulaire au dessus de la plaie
par un lien ou simplement avec les mains pour arrêter le mou
vement d'ascension du sang, et le forcer à refluer et à sortir par
l'endroit qui offre le moins de résistance, c'est-à-dire par la
plaie, par où d'ailleurs il a déjà l'habitude de sortir périodique-
ment. C'est ce que l'on voit pratiquer tous les jours par les chi-
rurgiens pour la saignée ; s'ils n'appliquaient pas de ligature au-
dessus du pli du bras, le sang ne reviendrait pas par l'ouverture
de la veine. Ainsi, il paraît très facile de produire mécanique-
ment une exsudation sanguine périodique (1). »

Or, ce que la fraude peut produire, une influence du moral
sur le physique nous semble aussi de nature à le déterminer. Et
un phénomène analogue à celui que signale le P. Debreyne
peut avoir lieu dans un trouble périodique de la circulation, surtout chez les femmes Les actions physiologique et morale con-
spirent alors pour la production du phénomène. Il est incontes-
table que si le trouble de l'économie a été la principale cause

_____

(1) *Essai sur la théologie morale*, p. 390.

qui a déterminé l'apparition des phénomènes dont les stigmates ne sont en quelque sorte que le couronnement, l'état moral fut chez beaucoup comme la contre-cause du phénomène et a pu même amener l'état morbide. Nous venons de voir, en effet, que l'extase avec visions se manifeste généralement à la suite de longues méditations sur les souffrances du Sauveur et de violents désirs de les éprouver ; aussi les stigmates sont-ils d'abord précédés d'extrêmes douleurs dans les parties du corps où ils doivent se montrer. Par exemple, Walter de Strasbourg ressentit longtemps les souffrances des stigmates, sans que pour cela ces plaies fussent visibles, et ce n'est qu'après avoir bien longtemps contemplé en esprit et d'une manière constante les souffrances du Christ, qu'il en vit apparaître les plaies sur son propre corps. Il en fut de même souvent pour la couronne d'épines. Veronica Giuliani s'était senti bien des années le front percé de pointes et d'aiguillons, avant que les petites ulcérations dont sa tête était environnée, vinssent dénoncer ses souffrances. Et les mêmes avant-coureurs accusaient chez sainte Catherine de Raconisio l'arrivée prochaine de cet étrange sillon dont sa tête était cerclée, et qu'a vu et décrit Pic de la Mirandole. Chez plusieurs femmes, les cicatrices de cette couronne d'épines ne se montrèrent jamais, bien qu'elles éprouvassent toutes les douleurs du terrible supplice. C'est ce qui arriva, comme je l'ai dit, pour la sœur Catherine Cialina, et pour Amélie Bicchieri de Verceil. Déjà sainte Gertrude, qui mourut en 1334, s'était imaginé, dans une de ses visions, avoir reçu, en pressant le côté du Sauveur, qu'elle embrassait amoureusement, une plaie aussi vermeille qu'une rose, plaie qui, non-seulement ne laissa pas de trace apparente, mais qui n'amena chez la sainte aucune souffrance. Chez d'autres, les traces de la couronne d'épines ne se montrèrent qu'imparfaitement : ainsi, une extatique très connue, la religieuse augustine Ritta de Cassia, n'avait au front que quelques boutons, quoiqu'elle eût éprouvé bien des fois, au pied de la croix, les douleurs du crucifiement. Dans l'une de ses visions, elle avait vu se détacher une des plus grosses épines de la couronne d'angoisse, laquelle était venue lui faire une blessure profonde au milieu du front.

Ursule Aguir, Hieronyma Carvaglio, quoique ayant reçu dans leurs visions les cinq plaies du Sauveur, et en ressentant toutes les douleurs, n'eurent jamais cependant sur leur corps de traces de ces mystérieuses souffrances.

Le phénomène qui se passa chez Catherine de Sienne, qui n'avait reçu les stigmates qu'en vision, et qui n'en avait jamais porté les traces, eut lieu pour un assez grand nombre d'extatiques, telles que sainte Lidwine, Magdeleine de Pazzi, la religieuse clarisse Coleta, Mechtilde de Stanz, Columba Rocasani et bien d'autres, ce qui n'empêchait cependant pas ces pieuses femmes d'éprouver les mêmes douleurs que si la stigmatisation avait été matérielle.

Il s'est donc opéré, en réalité, un travail dans l'économie, l'âme a agi sur la chair, et suivant que son action a été plus ou moins puissante, la chair a gardé des traces plus ou moins apparentes de l'idée. Des faits de ce genre tendent à nous faire croire que l'opinion populaire sur les envies de femmes grosses et sur l'influence de la pensée de la mère sur le corps de l'enfant qu'elle porte dans son sein, mérite un sérieux examen.

Cette action de l'esprit, dominé par une vision, semble être tellement puissante, que lors même qu'elle n'a pas été d'abord suffisante pour déterminer la naissance de marques extérieures, elle a pu, dans la suite, sans le retour de nouvelles visions, et par la seule action d'une pensée toujours ramenée aux souffrances du Sauveur, produire des stigmates visibles ; c'est au moins ce que l'on raconte pour sainte Hélène de Hongrie. Étant un jour plongée dans une profonde méditation sur la Passion, un cercle d'or lui apparut sur la tête, et au milieu était un lys blanc comme neige ; elle leva les yeux, et vit un rayon ensanglanté qui lui perçait le côté : « O Seigneur ! s'écria-t-elle, ne

fais point que mes blessures soient visibles. » Dieu accéda à sa
prière, mais, plus tard, d'elles-mêmes, les plaies se décelèrent
aux yeux, sans que la sainte eût éprouvé de nouvelles visions.

Chez presque tous les stigmatisés, c'est le vendredi que l'afflux du sang se manifeste avec abondance dans les plaies ainsi
qu'à certaines occasions solennelles, à certains anniversaires, et
cette exacerbation dans les souffrances les jours du vendredi se
rattache incontestablement à l'influence de l'imagination plus
fortement frappée, ces jours-là, et attirée dans une méditation
plus profonde, des souffrances du Sauveur. Ursule Aguir, dont
j'ai déjà plus d'une fois prononcé le nom, et qui n'offrait point
réellement le miracle des stigmates, puisqu'elle supposait simplement qu'elle les avait reçus, mais n'en pouvait produire de
traces visibles, était en proie aux plus vives douleurs tous les
vendredis. L'extatique citée plus haut, dont le botaniste Auguste
de Saint-Hilaire nous a donné la curieuse notice dans son
Voyage au Brésil, tombait, comme je l'ai dit, tous les vendredis et les samedis dans des extases où elle restait à méditer sur les souffrances de Jésus et les ressentait par elle-même.
Le flux des stigmates le vendredi est un fait qui a été constaté
aussi bien pour la sœur Emmerich que pour les stigmatisées du
Tyrol ; mais le fait est encore bien plus étonnant chez madame
Miollis, si l'on en croit son biographe. Chez cette femme, les
cicatrices ne sont pas permanentes, elles ne se manifestent que
pendant la prière et la contemplation, dans les extases de la
charité, mais toujours à la fête de la croix, à celle des stigmates
de saint François d'Assise, de saint André et le vendredi saint.
Ces phénomènes rappellent certains accès d'hystérie et d'hypochondrie qui se manifestent à heure fixe.

Sans doute, la puissance de l'imagination joue ici le plus
grand rôle, et au XVᵉ siècle, Pomponat, esprit fort éclairé pour
son temps, avait déjà raison d'attribuer aux ardeurs de l'imagination de saint François, sa miraculeuse stigmatisation ; toutefois, il faut avouer que l'on ne connaît point encore bien au-

jourd'hui la part qu'il faut accorder à l'esprit dans ce bizarre phénomène, et ce que l'hallucination et la fraude pieuse ont pu y ajouter. En effet, de même que dans des accès de manie on a vu des aliénés se faire des blessures qu'ils attribuaient ensuite à l'intervention de personnages surnaturels, plusieurs extatiques ont fort bien pu s'imprimer eux-mêmes, dans le paroxysme de leur extase, les marques de la passion du Sauveur. Il n'est pas rare de rencontrer des hommes qui, dans l'exaltation du désir religieux, ont voulu répéter sur eux les douleurs de la Passion ! J'ai parlé plus haut d'un cordonnier de Venise, nommé Matthieu Loval, qui se crucifia un jour de la sorte, persuadé que Dieu lui avait ordonné de mourir sur la croix ; et j'ai connu un fou qui avait entrepris de se crucifier de la sorte pour imiter son Sauveur.

Les anciens chroniqueurs sont remplis de mentions de cas d'extases avec visions, évidemment déterminées par la tendance mystique de l'éducation au moyen âge. Et parmi ces cas, les femmes, naturellement plus disposées que les hommes au mysticisme, plus susceptibles d'un sentiment religieux intime et profond, figurent pour une beaucoup plus forte proportion.

Je pourrais réunir facilement une trentaine d'exemples empruntés tant aux annales des cloîtres qu'à ceux des sectes protestantes ou orientales ; on y trouverait constamment le même caractère. Je me bornerai à citer un seul fait. Il y a près de trois années, un médecin de Besançon, M. Sanderet, a rencontré une extatique visionnaire, dans la Franche-Comté, au village de Voray, à laquelle il n'a manqué, on peut le dire, que la méditation de la Passion pour recevoir les stigmates. Cette fille, nommée Alexandrine Lannois, d'une grande mysticité d'esprit, et qui n'était âgée que de dix-sept ans, après avoir été atteinte d'accès hystériques et de convulsions, finit par tomber dans des extases durant lesquelles elle était complétement insensible. Dans cet état, elle chantait un cantique d'une voix pleine, vibrante, sans effort, et avec un certain sentiment musical ; puis

elle prenait des attitudes particulières entre lesquelles M. Sanderet reconnut celle de l'Immaculée Conception. Elle croyait
apercevoir dans ses visions la Vierge et les Saints. Il y a quelques années les journaux faisaient connaître une épidémie d'extase analogue chez les Bouriates de la Sibérie, épidémie qui
paraît s'être développée sous l'influence de prédications boud-
dhiques.

   La stigmatisation se rattache précisément à cette direction du
mysticisme qui abstrait de la douleur et suspend en quelque
sorte l'action du corps et de l'esprit. C'est dans l'Hindoustan qu'il
faut aller chercher le dernier degré de cette extase mystique par
laquelle le dévot s'efforce d'obtenir le *ciddha*, c'est-à-dire sa
réunion avec la Divinité, et c'est là seulement qu'elle a revêtu
le caractère d'une religion. Sur les bords du Gange, nous trou-
vons, avec des traits plus prononcés et l'exagération qui est le
propre de l'imagination hindoue, les différentes faces du mysticisme extatique. L'âme aspire sans cesse à se confondre avec
Dieu, à obtenir son amour et sa présence, soit par les transports de l'oraison, soit par l'anéantissement du corps. Dans certains livres de piété à l'usage de la secte des Jangams, on voit
l'âme s'adresser à la Divinité comme une femme à son époux ;
ces élans amoureux qui donnaient le change au cœur tendre
d'une religieuse, qui persuadaient à une sainte Catherine de
Sienne qu'elle avait réellement épousé Jésus-Christ en présence
des saints et reçu son anneau, et à une sainte Christine, abbesse
de Saint-Benoît, qu'elle avait été charnellement unie à son céleste époux, se reproduisent chez les dévots hindous. Ces renon-
cements absolus à tous les plaisirs sensuels, ce mépris profond
du corps que s'imposèrent quelques-uns de nos saints, sont
l'état presque normal des Santons, des Fakirs et de plusieurs
religieux brahmanistes ou bouddhistes. Pour une Agnès de Jésus,
qui défend, par humilité, qu'on détruise la vermine dont est
inondée sa chevelure, pour une sainte Rose de Lima, qui mêle
à tous ses aliments du fiel et des ordures, afin d'anéantir dans

sa source l'attrait de la gourmandise, nous rencontrons en Asie des milliers de fanatiques dont la malpropreté hideuse et l'alimentation repoussante dénotent le sentiment le plus profond de mortification. Les extatiques finissent par tomber dans un état d'immobilité et d'insensibilité dont rien ne peut plus les arracher ; leurs membres se roidissent, leurs muscles perdent leur souplesse et la possibilité même du mouvement, ainsi qu'on le rapporte de Marie de Moerll, et plus anciennement d'autres stigmatisées. Cette roideur presque cadavérique que l'extase imprime aux membres, est notée par tous ceux auxquels il a été donné d'examiner les ascètes hindous. Héber, évêque de Calcutta, rapporte, dans son *Voyage*, qu'il rencontra un individu de cette classe qui ne pouvait plus marcher que sur un pied et avait perdu la faculté d'abaisser les bras. Ces austérités terribles dont le catholicisme ne nous présente que de rares exemples, qui n'aboutissent chez lui qu'à la discipline et conduisent tout au plus aux rigueurs d'une sainte Limbania, de Gênes, qui labourait sa chair avec un peigne d'airain, sont, au contraire, journalières sur les bords du Gange. Dans la fête de *Chorak-Poujah*, on voit des dévots se faire suspendre par les reins à un croc de fer et balancer dans cet horrible état pour l'expiation de leurs péchés. Ces jeûnes prolongés, ces abstinences incroyables et tenues pour miraculeuses, qui sont notés dans la vie d'une foule d'extatiques catholiques, mais qui ne constituent cependant que des exceptions, sont, en Asie, des dévotions de tous les jours, comme on le voit, notamment chez les ascètes, appelés *Dam kané-oualla*. L'abstinence et la macération nous préparent à tomber dans cet état d'insensibilité, de torpeur et d'immobilité qui appartient aux extatiques, et que nous ont si bien décrit en particulier les visiteurs de la stigmatisée de Kaltern. Dans l'Inde, cet état est le triomphe habituel des syannyasis ou ascètes hindous.

§ III.

L'étude de la stigmatisation vient de nous offrir à son *summum* la réaction des idées sur l'organisation. Cet effet prodigieux n'est lui-même que le puissant contre-coup d'une influence excessive du physique sur le moral. Chez les mystiques, la sensibilité nerveuse est portée à un si haut degré, que toutes les pensées qui s'offrent à eux amènent, pour ainsi dire, un trouble dans l'économie, et que les moindres modifications du tempérament déterminent une réaction immédiate sur l'imagination. Les extatiques, les visionnaires tombent sous l'empire absolu de leur constitution maladive, et les idées bizarres qui se succèdent dans leur cerveau, les sensations mensongères qui se jouent d'eux, les rêves qui se déroulent incessamment devant leurs yeux ne sont que la traduction intellectuelle et morale des désordres dus à cette constitution même. Il faut avoir préalablement constaté ce fait pour juger à leur véritable point de vue les écrits qu'ils nous ont laissés. La littérature des mystiques extatiques n'est qu'un récit d'hallucinations perpétuelles. Ce ne sont pas précisément les hallucinations du fou, qui assaillent à tout instant son intelligence ébranlée et se mêlent aux discours étranges et incohérents qu'il débite à tout venant, mais ce sont comme des songes d'une grande netteté, et dont les diverses scènes sont enchaînées par une pensée principale. L'extatique, dans les élans de l'amour divin, dans cet état d'oraison qui n'est qu'un état de passivité rêveuse en Dieu, laisse chevaucher au hasard son imagination, et, comme dans la rêvasserie ou l'approche du sommeil, une foule de tableaux singuliers et de figures étranges passent rapidement devant lui. La volonté s'est à peu près retirée, en ce sens qu'elle ne préside plus à l'association des idées et qu'elle laisse le mouvement automatique du cerveau évoquer toute espèce d'images. Tel est précisément ce qui se passe dans les prodromes du sommeil, dans ces hallucinations que j'ai nommées *hypnagogiques* et sur lesquelles j'ai

publié un travail spécial. L'esprit du mystique étant exclusive-
ment occupé de Dieu et des choses saintes, s'étant depuis longtemps nourri de la Bible, des livres de piété et des compositions
dévotes, tout ce qui se retrace à son imagination n'est qu'une
reproduction dans un ordre nouveau, une association différente
des souvenirs qu'ont laissés en lui ses méditations et ses lectures. Chez les personnes en proie à une forte surexcitation
nerveuse, disposées à l'illuminisme, la mémoire acquiert un
grand degré de puissance. On a vu des monomanes religieux
complétement illettrés, et qui n'avaient eu d'autre instruction
que le prône de leur curé ou les entretiens de quelques personnes pieuses, reproduire dans leurs divagations des morceaux
entiers de sermons ou d'oraisons, et arriver à se faire un style
tout à fait en harmonie avec leurs prétentions de prophète ou
d'inspiré. C'est précisément ce qui est arrivé chez les extatiques mystiques, et qui leur a fourni les éléments de leurs
écrits. Il est vrai de dire aussi que la plupart de ces écrits n'ont
point été rédigés par les extatiques eux-mêmes, qu'ils furent
recueillis par des confesseurs ou des disciples enthousiastes ; en
sorte qu'on a tout lieu de penser qu'ils ont subi de la part des
rédacteurs, un travail de refonte et de correction, quand ils
n'ont point été composés totalement par eux sur des souvenirs.
C'est ce qui est arrivé très certainement pour les révélations
d'Anne-Catherine Emmerich, et pour celles, beaucoup plus an-
ciennes, de sainte Gertrude, abbesse de l'ordre de Saint-Benoît.

Mais quoi qu'il en soit des auteurs véritables des divers écrits
qui nous sont restés des extatiques, le fond émane certainement
d'eux, puisque tous ces livres ont un cachet commun et représentent, bien qu'à des degrés divers, le désordre des sens, dans
une étroite connexion avec l'excitation du cerveau. Ce qui ca-
ractérise d'abord ces ouvrages, c'est le rôle principal et presque
continuel qu'y jouent l'allégorie, la comparaison. Bossuet l'avait
déjà remarqué dans ses Instructions sur l'état d'oraison. « *Un
des caractères de ces auteurs, dit-il, c'est de pousser à bout les*

allégories. » Et, en effet, les mystiques extatiques ne sont ni des théologiens profonds, qui nous fournissent sur les grands mystères de la foi des éclaircissements nouveaux, propres à les rendre moins inintelligibles, ni des métaphysiciens subtils et d'une grande puissance d'abstraction qui s'élèvent à des conceptions plus fortes des attributs de Dieu et de la nature de l'âme. Ce ne sont que des imaginations ardentes ayant à leur service des sens surexcités, prodiguant les métaphores et les figures, dans l'espoir de lever ainsi les obscurités de la vérité infinie. Mais comme l'imagination ne crée rien et qu'elle ne fait qu'assortir les idées dues à des sensations, ces efforts sont complétement impuissants. On saisit, après une courte observation, le procédé par lequel les mystiques se sont abusés eux-mêmes ; à l'aide de l'analyse, il est facile de mettre en évidence tous les éléments qui ont servi à composer ces révélations étranges dans lesquelles l'âme est transportée au ciel ou dans les enfers, ces colloques intimes de la créature avec son Sauveur, où s'épanchent les élans de l'amour divin. Les mystiques ont beaucoup moins d'originalité qu'on ne serait disposé à le croire de prime abord. Que l'on parcoure, par exemple, les révélations de sainte Brigitte, qui se réimpriment encore aujourd'hui et séduisent une dévotion peu éclairée, on y retrouvera accumulés tous ces récits figurés, ou, comme on disait jadis, ces similitudes par lesquelles des théologiens célèbres, tels que Hermias ou saint Bonaventure, cherchaient à nous donner une idée de la vie suprasensible et de la béatitude divine. Ces comparaisons, suggérées par la lecture des Pères et des scolastiques, se mêlent à des visions qui ne sont que la reproduction des images qui étaient placées sous les yeux des fidèles, de ces représentations de la fin du monde, de la comparution de l'âme devant le tribunal céleste, du couronnement de la Vierge, du chœur des anges et des saints, dont étaient décorés les portails des églises ou qui étaient peintes dans les bibles et les livres d'heures.

Chez les femmes qui sont dévorées par les langueurs de l'amour divin, le *Cantique des cantiques* exerce une extrême influence. Elles le commentent et le paraphrasent à tout instant. Le langage demi sensuel de ce cantique convient parfaitement à l'état de leur cœur, car chez ces femmes se mêle, sans qu'elles s'en doutent, à l'aspiration vers le Sauveur, un sentiment vague d'un amour terrestre et humain qui n'a point reçu sa satisfaction. Les mystiques se représentent sans cesse Jésus sous les traits d'un beau jeune homme dont les charmes corporels excitent presque autant leur amour que les perfections morales. Elles le pressent contre leur sein ; elles lui prodiguent de chastes embrassements, où cependant le penchant de la nature n'est point absolument étranger. Elles s'imaginent être l'objet de ses complaisances et de ses prédilections particulières. Elles se croient non-seulement des épouses de Dieu, mais des épouses préférées et inondées de toutes les faveurs de leur époux. Un hagiographe va jusqu'à nous dire que dans ces hallucinations du cœur, allumées par des sens imparfaitement amortis, une sainte Christine vierge (1), et abbesse de Saint-Benoît, alla jusqu'à croire qu'elle était reçue comme une véritable épouse dans la couche de son Sauveur. Ce délire d'une femme hystérique éclate à chaque page des Révélations de sainte Gertrude, qui n'offrent qu'un long épithalame de son hymen avec le Sauveur. Ce furent les mêmes illusions qui se jouèrent d'une autre sainte célèbre, sainte Catherine de Sienne. Dans une de ces visions auxquelles se complaisait sans cesse son esprit, son époux céleste lui arracha le cœur, et lui en rendit quelques jours après un nouveau, teint dans le propre sang de son côté. Une autre fois, Jésus-Christ la communia de sa propre main ; enfin, elle fut témoin de la cérémonie même qui lui montrait que son Sauveur s'était réellement uni à elle par le sacrement du mariage.

---

(1) At post plures annos in monasticâ observantiâ sanctissimè, prudentissimèque transactos, cœlesti sponso copulata est. (A. Dumoustier, *Sacrum gynæceum*, 4 décembre, p. 484.)

A une époque moins éloignée de nous, à la fin du XVIIe siècle, Marguerite Alacoque, religieuse de la Visitation de Parai-le-Monial, aujourd'hui connue sous le nom de Marie Alacoque, donna l'exemple de pareilles visions, mais avec moins d'éloquence et de vertus que n'en avait sainte Catherine. Elle fonda un culte ou plutôt un genre de dévotion qui, sous le nom du Sacré-Cœur de Jésus et de Marie, a pris dans ces derniers temps une vogue extrême. L'acte fondamental de ce culte consistait dans la donation réciproque que Jésus-Christ et la sœur Alacoque s'étaient faite de leurs deux cœurs. C'était, du moins, ce qu'admettait celle-ci. La mère Greffier, supérieure du couvent de sœur Marie, voulut bien, pour obéir à Jésus-Christ, écrire la donation de cette dernière. Jésus-Christ en fut très satisfait, et il dicta lui-même son contrat synallagmatique à Marguerite Alacoque, autrement dit sœur Marie, qu'elle écrivit de son sang en ces termes : « Je te constitue héritière de mon cœur et de tous ses trésors pour le temps et pour l'éternité ; je te promets que tu ne manqueras de secours que lorsque je manquerai de puissance. Tu seras pour toujours la disciple bien-aimée, le jouet de mon bon plaisir et l'holocauste de mon amour. »

Tel était le style de Marguerite Alacoque, emprunté, du reste, au langage de toutes celles qui avaient, avant elle, prétendu à l'honneur de la première place dans le cœur de Jésus-Christ. Je ne puis m'empêcher de citer à cette occasion ces paroles que Jésus adressait à sainte Gertrude : « Mais pour vous, pendant que vous serez captive dans les liens de la chair mortelle, vous ne pourrez jamais comprendre la joie que ma Divinité a ressentie à votre occasion. Sachez pourtant que ce mouvement de grâce vous donne un éclat de gloire semblable à celui dont mon corps parut couvert sur la montagne du Thabor, en présence de mes trois disciples bien-aimés, tellement que je vous puis témoigner les sentiments de ma charité et de ma joie en vous disant ces paroles : C'est là ma fille bien-aimée, dans laquelle j'ai mis toute mon affection. »

Les hallucinations de toute sorte, de la vue, de l'ouïe, de l'odorat, du toucher, viennent donner à ces visions une sorte de confirmation sensible, et achèvent d'égarer les extatiques. Tantôt ce sont des anges éclatants de lumière qui leur apportent des messages célestes, des personnages mystérieux qui s'entretiennent avec eux, et dans la bouche desquels ils placent, ainsi que cela a lieu dans le rêve, leurs propres réflexions, la réponse à leurs propres désirs. D'autres fois, ils entendent les sons harmonieux des concerts angéliques, une douce voix qui les appelle, et cette harmonie imaginaire les a souvent fait tomber en extase, comme cela arriva à saint François d'Assise et à saint Joseph de Cupertino. Des parfums délicieux qui s'exhalent du corps de Jésus ou des saints viennent ajouter à leurs ravissements. Mais, quelquefois, l'odeur fétide et empestée des diables apporte une fâcheuse diversion à ces délirantes sensations. Ils ont l'avant-goût de l'ambroisie, car il y a aussi dans leurs visions une ambroisie chrétienne, et, dans leurs communions imaginaires, l'hostie est d'une ineffable saveur. Toutes ces illusions des sens, effet direct et ordinaire du désordre nerveux, sont les acteurs principaux des drames qui se déroulent en pensée devant les yeux des extatiques. De même que dans le rêve, des sensations réelles et externes viennent prendre place, en s'exagérant, dans la fable incohérente que tisse notre imagination, les hallucinations de l'extatique fournissent à ces allégories, à ces visions, leurs traits les plus saillants. Cette succession d'états opposés que l'on observe chez les femmes en proie aux vapeurs ou chez les hommes malades d'hypochondrie, se trahit sans cesse dans les paroles des mystiques. A des élans d'amour pour le Sauveur, à des transports qui leur font goûter par avance les joies éternelles, succèdent des moments de dégoût, de sécheresse, d'isolement, qui les plongent dans le désespoir ou le découragement. Ces femmes qui se croyaient tout à l'heure l'objet des attentions particulières de Jésus s'imaginent ensuite être délaissées par lui. Elles s'accusent de leur manque de sensibilité et de leur ingratitude; elles ne peuvent s'expliquer comment, après avoir été comblées de faveurs, elles en soient maintenant si dépourvues. La dévotion cesse d'être pour elles une consolation, et elles ne peuvent échapper à ces épreuves cruelles qu'en rentrant dans la vie pratique et en s'appliquant à l'exercice des bonnes œuvres. Parfois elles accusent le malin esprit de tous ces maux intérieurs, et elles invoquent le Tout-Puissant afin d'être délivrées de ces poursuites. Leur charité participe donc de l'inégalité de leur humeur, et les désordres périodiques de leur santé se font jour à travers leur apparente résignation. Sainte Rose de Lima éprouvait, au plus haut degré, ces alternatives de charité brûlante et de sécheresse déplorable que sainte Thérèse a si bien analysées. Après être arrivée à une union intime et constante avec Dieu, cette sainte commença d'être attaquée tous les jours, durant certains intervalles, par d'horribles ténèbres; elle perdait alors toute pensée de son Créateur, toute idée de ses miséricordes; elle le regardait comme un inconnu auquel elle était toujours demeurée étrangère. Jeanne Desrochers raconte de même qu'elle restait des mois entiers sans pouvoir élever son âme à Dieu, sans être en état de faire oraison : elle trouvait comme une barrière qui l'empêchait de se porter vers son époux mystique, et elle accusait le démon de lui inspirer alors la pensée d'abandonner la vie ascétique.

La seule des mystiques extatiques chez laquelle on sente que, malgré le trouble fréquent des sens, l'esprit domine encore puissamment l'organisme, est sainte Thérèse. La supériorité naturelle de son intelligence l'a sauvée des plus graves aberrations où viennent se précipiter à l'envi presque tous les autres illuminés. Elle analyse avec finesse les phénomènes intimes qui se passent en elle, et dans ces visions bizarres, ces images étranges, qui s'offrent à elle, après une méditation trop prolongée, son bon sens lui fait comprendre que tout ne peut pas être divin. Elle s'aperçoit que ces dons prétendus de la grâce ne rendaient pas toujours meilleurs, et que l'amour de Dieu a aussi ses réduc·

tions d'orgueil et de vanité. Voilà pourquoi elle s'efforce d'établir des distinctions dans ce dédale de visions opposées qui assaillissent l'esprit du mystique de révélations contradictoires au sein de la conscience intime. Chaque extatique voit ce qu'il pense, ce qu'il croit, ce qu'il espère, et Dieu est ainsi rendu solidaire de tous les délires qui se produisent dans la vie contemplative d'une âme sans instruction et pleine d'ardeur. « J'en ai connu, dit sainte Thérèse, dans le *Château de l'âme* (4e demeure, chap. III), dont l'esprit est si faible, qu'elles s'imaginent voir tout ce qu'elles pensent, et cet état est bien dangereux. » Les écrits de sainte Thérèse sont certainement les plus intéressants à étudier pour connaître les diverses faces du mysticisme chrétien. Cette âme ardente maîtrise assez ce qu'on peut appeler sa passion religieuse, pour s'observer, pour interroger ses sentiments secrets et descendre dans les profondeurs de son âme, en commerce avec Dieu, sans être prise pour cela de vertige. Sainte Thérèse est la métaphysicienne du mysticisme féminin et de l'illuminisme extatique. Dans ce monde de dévotion étroite qui l'entoure, elle conserve une supériorité d'intelligence que n'entame jamais le délire qui voudrait s'emparer d'elle. La raison, l'imagination et les sens se livrent en elle un combat terrible qui l'épuise, la mène aux portes du tombeau, mais n'altère jamais la vigueur de sa pensée.

Dans ces étonnants combats que nous rappelle aussi quelquefois la vie d'autres mystiques, il est difficile de faire la part de ce qui appartient à l'âme et de ce qui est la réaction du corps. Il est certain que, concentrée en elle-même, la partie intellectuelle et immatérielle de notre personnalité peut acquérir un tel empire, que l'organisme, loin de lui imposer sa loi, se mette en quelque sorte à sa merci; et si tout nous annonce chez les uns que la maladie a pris le gouvernail de la vie et a fait sombrer l'intelligence, chez d'autres, le trouble de l'économie n'est lui-même que le contre-coup de l'exaltation intellectuelle.

Sainte Thérèse a été la dernière des représentantes élevées

et vraiment admirables de cet ascétisme claustral qui s'éloigne de plus en plus de nos mœurs et de nos idées.

Elle en résume cependant, sous une forme plus épurée, toutes les folies et toutes les misères. C'est elle qu'il faut lire pour s'assurer combien le mysticisme extatique, tout en accusant une étonnante réaction de l'esprit sur l'organisme, est loin cependant des droites voies qui conduisent à la réalité.

Le mysticisme extatique est un long enchaînement d'hallucinations morales et physiques qui aboutissent chez les organisations les plus délicates et les plus excitables à la stigmatisation et plus tard à la mort. Il est la preuve la plus éclatante de l'influence de l'imagination et des idées sur l'économie. Actes, paroles, écrits, tout réfléchit en lui le trouble corporel qui l'accompagne, qu'il entretient, et dont il est, à son tour, nourri. En ce sens, seulement, on peut le regarder comme un miracle, c'est-à-dire un de ces effets merveilleux de la loi des intelligences, dont le secret nous échappe et l'étendue nous confond.

Paris. — Imprimerie de L. MARTINET, 2, rue Mignon.

BIBLIOTHEQUE NATIONALE

SERVICE DES NOUVEAUX SUPPORTS

58, rue de Richelieu, 75084 PARIS CEDEX 02 Téléphone 266 62 62

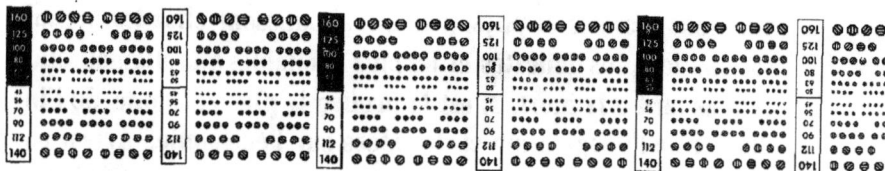

Achevé de micrographier le : 16 / 2 / 1978

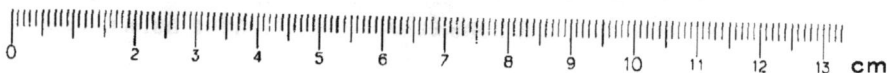

Défauts constatés sur le document original

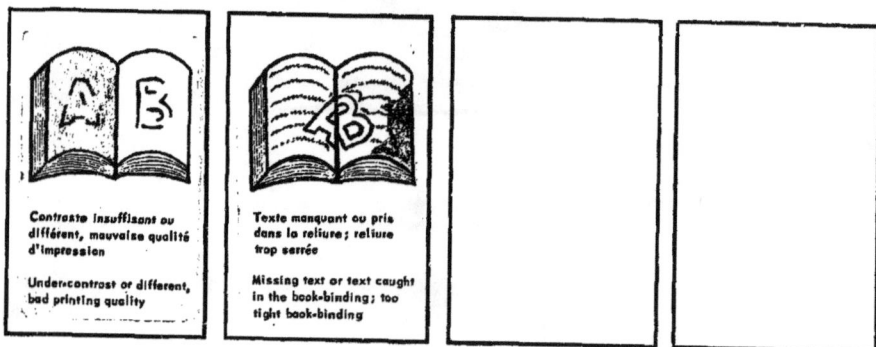

Contraste insuffisant ou différent, mauvaise qualité d'impression

Under-contrast or different, bad printing quality

Texte manquant ou pris dans la reliure; reliure trop serrée

Missing text or text caught in the book-binding; too tight book-binding